NIKKEI
BUNKO
日経文庫

ポーターを読む

西谷洋介

日本経済新聞出版

はじめに

マネジメント分野で影響力のある思想家のリストを挙げると、マイケル・ポーターがその筆頭に近い位置にいることは間違いないでしょう。企業の競争戦略についての参考書のリストには、かなりの確率でポーターの『競争の戦略』（ダイヤモンド社、原題 *Competitive Strategy*）が入っているはずです。

『競争の戦略』は一九八〇年にアメリカで出版されたポーターの最初の主著ですが、日本語版が出版された一九八二年にはすでに企業戦略の分野での必須文献という地位を確立しています。日本語版の序文で「アメリカの有名企業の社長室の書棚には、必ずといってよいほど、この本が並んで」いると、ポーター自ら記しているように、実務家にも大きな影響を与えています。そして、出版から四半世紀を過ぎてもなお、基本文献としての地位を保ち続けています。

ポーターのその他の主要著作も出版後相当な日時を経ていますが、引き続き各分野での必須文献としての地位を保っています。理論的な背骨をしっかりと通したうえで幅広い状況に適用可能な原則を述べるというスタイルを、ポーターの著作がとっているからこそ、多くの人に価値を認められ続けているのでしょう。

いま、改めて、ポーターを読むことの意味はどこにあるのでしょうか。もちろん、経営学を勉強しようという学生やこれまでポーターに触れたことのない実務者の方が、ポーターの考え方の基本を理解するというのは本書の重要な目標です。企業や国がどのようにして競争力を維持向上させていくかという、基本的な問題について考えるうえで、ポーターの考えを学ぶことは必須でしょう。こうした「初めてのポーター」とも言うべき入門書としての役割を果たすことは、この本の一つの狙いです。

同時に、ポーターの考えの概略はわかっているよ、という方にも、もう一度ポーターを手がかりに戦略を考えていただくきっかけを提供したいという狙いもあります。

ポーターは、各企業が独自の戦略をとることを推奨しています。独自の戦略をとるためには、人任せでなく自分の目で顧客や競争の現実を見る必要があります。ところが、多くの企業において戦略がどのような根拠で組み立てられているかをよく見てみると、実際には、業界関係者や世間一般、マスコミが言っていることに依存していることが多々あります。本来は、顧客がどう行動するか、事業のコストや収益がどのような構造になっているか、競争企業がどのような戦い方をしているか、といった現実から戦略を組み立てるべきです。現実を自分の目で見るためには、自分自身のものの見方を確立する必要があります。何らかのきちんとした物事の捉え方の枠組みなしでは、世の中で起こっていることの本質を捉え、それをもとに何か新しい戦略を組み立てることなどとてもできません。ポーターの考えは、ものの見方をしっかり確立するための有益な指針となります。

そこで、ポーターの考えがあまりに理論的で現実にはなかなか適用できないと感じている方にこそ、ポーターの業界分析の枠組みがなぜ有益で、戦略が大事なのかを理解してもらうために、この本を読んでもらいたいと思っています。ポーターの考えが当たり前だという人にこそ、その当たり前の見方を身近な事例や自分の会社の戦略に当てはめて考えてみると、どれほど新しい発見があるかを理解してもらうために、この本を読んでもらいたいと思っています。

こうした狙いがどれくらい実現できたかは、読者に判断してもらうしかありません。筆者としては、この本を読み終わったときに、自分の会社や業界はどうするべきかと読者一人一人が考え始めること、また、この本を読む前とは少しでも違った、広い視点で経営や戦略について考えられるようになっていることを願っています。

二〇〇七年三月

西谷　洋介

ポーターを読む――［目次］

［Ⅰ］競争が何をもたらすのか――11

［I］

競争が何をもたらすのか

1　ポーターの競争観

(1)　企業の競争力はポジションで決まる

筆者は企業の経営者に助言をするコンサルタントという職業についていますが、初めての企業を訪問する際に、「あなたの会社の強みは何ですか」と問いかけることがよくあります。

日本企業の経営者の場合、こうした質問に対して、社内の人材、製品の性能、技術力、工場の生産性、優秀な営業、ブランドといった、企業内に蓄積された資源や組織能力の観点から自社の強みを語られる方が多いようです。この答えには、競争に対する企業の強みをどう構築するか、また、経営としての優先順位がどこにあるか、という考え方が反映されています。こつこつと組織を鍛え上げて、組織内部に強みを築くことが企業の強みの源泉だという発想が、日本の経営者には強いようです。

こうした発想は当然、経営者の意思決定に影響を与えます。事業に何か問題が生じたときにどこから手をつけるかというと、組織の見直しや、人の活性化を目指すことが主な打ち手になります。新規事業の参入を決める際には、社内の資源がどれだけ活用できるかを重視します。

マイケル・ポーターは、単純に企業内部の要因を重視する考え方に反対しています。むしろ外部環境が与える影響を重視して、企業が良い業績を達成するためには業界の中で良いポジションを見つけることが重要だと、ポーターは論じています。さらに、企業がどのような活動をしていくか、という企業内部の問題も、戦略的に良いポジションを築くことと結び付けて考えるべきであると強調しています。これは、どうやって競争に対処していくか、というポーターの競争観を反映しています。

日本の企業人の中には、外部環境やその中でのポジションを重視した競争観に対して何となく納得しきれないものを感じている方が多いようです。高度成長期から一九八〇年代に至る時期に、内部にフォーカスした経営によって日本企業が競争に勝ってきたという成功体験による刷り込みが大きいでしょう。

しかし、中国をはじめとした低コスト国の企業が日本のコスト面での強みを切り崩す一方で、日本企業の間では技術力の差で勝負することが難しくなり、内部の強みに着目するだけでは勝ちきれない時代になっています。どうやって競争に勝っていくか、という大局観を変えない限り、新しい競争環境に勝ち残れません。ポーターを読みながら、競争や戦略についての考え方を点検していきましょう。

(2) ポジションとは独自の選択をすること

実は、ポーターの競争観自体も発展しています。ポーターの初期の著作は外部環境要因に着目しています。ポーターの考え方が外部環境に偏りすぎていて、全て業界の構造で決まっていると受け止めている方は、初期の著作に偏ったポーター像を持たれているようです。この段階でのポーターの競争観は、「競争を避けることがベストの戦略である」というものでした。自社に最適な外部環境を選んでいくことを重視していました。

これが、「戦略とは何か」（原題 *What Is Strategy?*）という題で一九九六年に発表されたハーバードビジネスレビューの論文になってくると、「競争の中で独自の選択をすることがベストの戦略である」という競争観に深まっています。ここでは、企業が他社と異なる顧客を狙ったり、独自のやり方を築き上げていくことを重視しています。

さらに、独自のやり方を支えている企業内部の活動の重要性を指摘しています。企業がどのような活動を行っているかが、戦略や戦略ポジションそのものであるとポーターは述べています。これは外部環境のみで全てが決まってしまうといった理解には収まりきりません。外部環境に対して、主体的に活動を設計し、選択することが、戦略の要となってきます。

この章では、こうしたポーターの競争を巡る考え方の変化、あるいは、深化に着目しながら、ポーターの考え方の全体像をつかんでいきましょう。まずは、『競争の戦略』での外部環境についてのポーターの発想を見ていきます。そのうえで、それが「戦略とは何か」「クラスターと競争」（原題 *Cluster and Competition*）といった、より最近の考え方にどうつながったかをたどっていきましょう。

2　避けるべきものとしての競争

(1)　収益性は「競争の激しさ」によって決まる

ポーターの問題意識の直接の出発点は競争ではなかったのだろうと筆者は想像しています。経営者や実務家が良い意思決定ができるように、高い経済的なリターン（この場合は利益）をどうやって得られるかについての理解を深めようというのが、ポーターの一貫した取り組みです。競争の問題は、その過程で出会った問題なのでしょう。

利益を追求する経営者にとって競争は望ましいものではありません。競争があれば、顧客の取り合いになります。競合と価格を比較される可能性があれば、競合がいない場合よりも低い値付けにならざるを得ません。

さらに、競争の激しさは業界ごとに大きく異なり、企業がどれくらいの高収益を上げられるかは業界の競争状況に大きく依存しています。製品に大きな差が存在しない、汎用品と呼ばれるような業界は価格競争が厳しく、収益性の低い企業が多いことは常識的に理解できるでしょう。規制で守られていて新規参入企業の入ってこない業界では、利益率が高くなります。価格競争の激しい汎用化学品会社では高収益と呼ばれる利益率の水準でも、競争環境に恵まれた製薬会社では不十分な利益率と言われるでしょう。

ここまで考えたときに、競争のない状態、あるいは、競争が激しい状態を理解することが企業戦略上重要な問題であって、そのために産業組織論を活用できることにポーターは気がついたのでしょう。産業組織論とは経済学の一分野で、市場において競争のない状態がどのような要因で発生して、それが社会全体にどのような影響を与えるかを研究しています。

経済学では、市場に多数の買い手と売り手が存在している完全競争の下で社会全体にとって最も効率的な資源配分が達成されると考えます。反面、完全競争というのは企業にとって厳しい状況です。企業は価格で競争するしかなく、企業として存続していくうえでぎりぎりの利益率を上げることしかできなくなります。ところが現実の経済では、完全競争とはほど遠い状況、たとえば、市場に一社しか存在しない独占や、少数の会社で市場を分け合っている寡占の状態が往々にして発生しています。こうした状態を不完全競争と呼んでいます。

産業組織論では、なぜ不完全競争状態が発生して、その結果、どのようにして平均以上の利潤を上げる企業が発生しているかを研究してきました。産業組織論の問題意識は、不完全競争状態をどうやって排除するか、あるいは、不完全競争状態を排除することでどれくらい経済の効率が改善するかというものでした。

ポーターはこの産業組織論の成果を逆の方向から使っています。産業組織論が社会にとって望ましくない状況としての不完全競争を研究してきた成果を、企業にとって望ましい状況をもたらす条件として理解しようというのです。

(2)「競争の激しさ」を理解する

この取り組みの成果が『競争の戦略』です。ここでのポーターの基本的な論点をまとめてみると、①企業の長期的な収益性を決定する要因として、その企業が属する業界での競争の状況が重要である、②ある業界の競争の状況は、いくつかの基本的な要因で決まっている、③新規参入の脅威、買い手の交渉力、供給業者の交渉力、代替品の脅威、業界内の競争の程度の五つが主要な競争要因である、となります。

ポーター以前の戦略論の文脈でも、外部環境からの要請と内部要因から可能になる戦略が一致すると良い業績が可能になる、という議論がされています。そういう意味では、業界構造が戦略論の中で重要な位置を占めるべき、というのは重要な指摘ではありますが、いままで気付かれていなかった要素を掘り出してきたわけではありません。ポーターの大きな貢献は、従来の直感的な理解を発展させ、誰もが納得せざるを得ないような、かつ、実務的に適用可能な枠組みを提示したことにあります。

五つの競争要因で挙げられている要素を見てみましょう。売り手と買い手、業界内のプレーヤーを挙げると、現時点での業界に直接的に関わっている企業（あるいは、消費者）は論理的に全て挙げられています。また、代替品と新規参入の可能性を見ると、将来のプレーヤーと業界外から影響を与えるプレーヤーもカバーしています。簡潔にわかりやすい形で、業界に影響を与えるプレーヤーのリストを整理しています。

(3) 完全競争が成り立たないとき

先に述べたように、ポーターの考え方は完全競争から外れる状況がなぜ発生するかというところから出発しています。そこで、まずは、完全競争が成り立つ条件を理解してみましょう。

製品の品質や価格についての情報は誰でもコストをかけずに入手でき、結果として顧客は同質な製品の中から最も安い価格を常に見つけられる必要があります。また、供給者が十分な供給能力を持っており、生産設備を遊ばせておくよりも市場価格で売った方が儲かる限り、製品を供給することも条件です。

ここでは、価格競争が全てを支配します。供給者は少しでも儲かる限り製品を供給します。市場価格より少しでも高い価格をつければ、その商品はまったく売れません。結果として、企業は資本市場が要求する最低限の利益率しか得られないことになります。これより高い利益率を得る企業があれば、競合企業は価格を切り下げます。既存競合企業が価格を引き下げないのであれば、新規参入企業がやってきて価格競争を引き起こします。一方で、この最低限の利益率が確保できなければ企業は撤退していきます。

完全競争の世界はもちろん極端な想定ですが、現実の世界ではどのような条件の下でこれと似たような状況が出現するのでしょうか。これまでの記述を整理してみると、①多くの売り手が存在している、②顧客が製品は同質であると認識している、③生産設備が需要を上回って存在している、ということになります。

ポーターは、こうした経済学の論理やそこから得られる洞察を活かして、五つの競争要因がそれぞれどのような状況で完全競争に近づき、逆に離れるかを検討することで、業界の収益性に与える影響を詳細に示しています。従来よく見られたような、誰かの経験や観察に基づいて作られたチェックリストではなく、経済学的な費用と価格の論理と実証研究に裏付けられた業界構造分析の枠組みを作り上げたのです。

3　競争から競争優位へ

競争要因という考え方は、企業経営にどのように活かせるのでしょうか。ポーターは、競争要因分析の最も直接的な使い方は、自社の事業の組み合わせ、つまり事業ポートフォリオを考える際に参入事業、撤退事業を組み合わせることであると述べています。

(1)　ポーター以前の事業ポートフォリオの考え方

ポーターが『競争の戦略』での考え方を発展させた背景には、多角化企業をどう経営していくかという問題がありました。多角化企業では、多数の自社事業を評価したうえで、どの事業に投資してどの事業から撤退するのかを決める必要があります。『競争の戦略』以前に、そうした事業への投資方針を決めるためによく使われていたツールが、グロース・シェア・マトリックスでした。

グロース・シェア・マトリックスは、事業が生み出す現金と事業に対して投下する現金（資金）をバランスさせることを目標としています。そのために、シェア（市場占有率）と市場の成長率の二つの軸で事業を分類します。事業が生み出す現金の量を表す指標としてシェアを使い、事業が成長のための投資で必要とする資金の量の指標として市場の成長率を使って、事業を評価します。

事業が生み出す現金の指標としてシェアを使うことができるのは、ある製品の生産・販売について経験を積み重ねていくことで、一定の比率でコストが下がっていくと想定されているからです。この関係は経験曲線と呼ばれており、多くの製品で実際にこの関係が成り立つことが観察されています。シェアが上位の企業は過去に蓄積した経験量が多くなるので、それだけコスト優位に立ちやすくなります。だから、同じ市場価格の下でシェアが上位の企業はより高い利益を上げることができ、ひいてはより多くの現金を生み出すことができるのです。日本の電卓競争や半導体の市場シェアとコストダウンを巡る日韓の競争は、こうした経験曲線をどれだけ先に下がっていくか、という文脈で理解できます。

市場成長率が必要な投資の指標として選ばれているのは、ある製品が世に出てからたどる一般的な製品のライフサイクルを想定しているからです。電卓や半導体の例で見てもわかるように、市場が拡大期にある間は企業は継続的に生産設備に投資する必要があります。販売体制やサービス網の整備にも遅れるわけにはいきません。また、成長市場は競合企業の参入も招きやすいので、それに対する防衛として広告投資やブランド構築の努力も必要になってきます。一般的なプロダクトライフサイクルが成り立つのであれば、成長期の市場ではシェアを防衛するために多くの投資が必要となります。

それに対して、成熟期の市場では大きな投資は必要としません。生産設備の増強は経営の議題にも上がらないでしょう。各社とも無理なシェア拡大に走るよりも、利益確保を狙っていきます。多角化した企業では、成熟期にある事業で稼いだ現金を成長期の事業につぎ込むことが可能になります。

こうしたプロダクトライフサイクルでの一般的な競争のパターンを想定すると、市場成長率が投資資金の必要性の指標になります。すなわち、成長率が高い市場では投資のための資金が多く必要であり、成長率が低い市場では資金があまり必要ではありません。

この二つの指標を統合することで、有名な四つの事業分類とそれに基づく基本戦略が出てきます。すなわち、高成長市場にあるがシェアの低い「問題児」事業は選別して投資し、シェアの高い「スター」事業に持っていくことを狙います。シェア維持のための投資を必要とするために「スター」事業そのものはなかなか現金を生みませんが、成熟期には「金のなる木」事業として安定的に現金を生み出す事業へと育っていきます。「負け犬」事業は現金を生み出す限りは維持しますが、そうでないならば撤退します。

(2) 業界構造による参入／撤退の検討

ポーターは、こうした考え方に対する批判として、『競争の戦略』を展開しています。たとえば、累積生産量を早く大きくすることによってコスト優位を得ようとする戦略のリスクに警鐘を鳴らしています。市場成長率が低くても、市場構造が魅力的でなければ、継続的に投資を続ける必要があるかもしれません。逆に、成熟市場で低シェアであっても高収益が期待できる市場もあるでしょう。

一九九〇年代初期にあなたの会社がパソコン事業を持っていたとしましょう。幸いなことに成熟化した事業から現金が生み出されています。この資金をつぎ込んで、高成長のパソコン事業でのシェアを高める戦略をとるべきでしょうか。皆さんがご存知の通り、これはやめたほうがよい戦略でしょう。ポーターの五つの競争要因の枠組みに従って、業界の構造を見てみれば、パソコン業界の競争環境が悪いことはすぐにわかります。しかし、グロース・シェア・マトリックスはそうした業界構造の差は無視してしまいます。

ポーターは機械的なグロース・シェア・マトリックスの適用に反対しています。五つの競争要因を分析することで、全社の事業ポートフォリオに関する意思決定の質を改善することを提唱しています。事業部長と本社スタッフ、経営陣が業界構造についての共通した理解に基づいて事業性や戦略オプションの意味合いを議論できる土台ができたのです。

(3) ある競争環境の中でどう戦うか

しかし、事業単位の戦略についてはこの枠組みは必ずしも十分な答えを与えてくれません。もっと根本的に言うと、ポーターのアドバイスに従って産業の魅力度の分析を論理的に推し進めていくと、魅力的でない業界からは撤退すべきである、という結論が出てきます。もちろん、業界の構造を変えるという選択肢もありますし、そのためにどうするか、という議論もポーターはたくさんしていますが、これはいつもできることではありません。平均的な企業にとっては、この産業でがんばるよりも、もっと魅力的な産業でがんばるほうが正しい選択ということになります。

事業単位の経営者にとってはこれはあまり役に立つアドバイスとは言いがたいでしょう。彼らの主な役割はこの業界での戦略を考えることにあります。経営者は、自社が位置する業界がなぜ難しい業界であるかを理解するツールを手にしましたが、分析結果に基づいて自社の施策をどうするかは自明のことではありませんでした。「自社の能力と競争環境をマッチさせる？差別化が難しいから、あるいは、競合が泥沼の価格競争を仕掛けてくる可能性が高いから、この業界は収益性が低いはずでしょう。どうすれば良いのですか？」そんな経営者の嘆きが聞こえてきそうです。

この問題に答えるために、ポーターは一九八五年に出版した『競争優位の戦略』（ダイヤモンド社、原題 *Competitive Advantage*）において、付加価値連鎖分析（Value-added chain）を提唱しました。これは企業の活動をシステムとして理解するためのツールです。企業の活動を分解して、現在のコスト状況を把握します。そのうえで、個別の活動が顧客への価値にどう結び付いているかを検討して、最適化したり、活動間のバランスや連結の仕方を検討します。また、川上、川下の活動のうちでどこまで自社に取り込むべきかまで考えていきます。こうした検討は企業の収益性を改善するうえで確かに重要なことです。ポーターが提唱した付加価値連鎖分析は、バリューチェーンという形で、企業のリエンジニアリングやサプライチェーンマネジメントといったコンセプトの中に組み込まれて企業の経営の中で活かされています。

しかし、これはむしろオペレーションに類することであり、どんな戦略をとっていても効率化のためにやるべきことです。他社の活動の効率がどれくらいかを測って、自社と比較してみる。差があるのであれば、他社のやり方をまねて改善していくといった活動につながりがちです。これでは、なかなか企業の戦略の根幹を決めることにはなりません。

どうやって競争優位を構築するかという問いに対して『競争優位の戦略』において提示した答えは、ポーター自身にとっても必ずしも納得のいくものではなかったようです。『競争優位の戦略』から一〇年強の間をおいて、一九九六年の「戦略とは何か」で再び競争優位の問題に取り組んでいます。この論文を収録した『競争戦略論』(ダイヤモンド社、原題 *On Competition*)の序文では、「ある業界での競争において有利な立場を築く方法について(中略)「戦略とは何か」には、筆者の最新の思索が収められている」と述べています。

(4) 戦略ポジションの重要性

ポーターは、ここで戦略ポジションこそが持続的な競争優位の源泉であると論じています。

戦略ポジションとは、競合に対比して自社を戦略的にどこかある場所に位置づけるものだとイメージしてください。たとえば、カジュアル衣料を販売するユニクロとブランド衣料を販売するシャネルではその戦略ポジションは大きく異なります。狙っている顧客層や顧客ニーズ、提供している衣料のコンセプトも価格帯も大きく異なっています。もう少し近い事業でも違いがあります。イトーヨーカ堂の衣料品部門を一つの事業として見ても、ユニクロと戦略ポジションは異なっています。同じカジュアル衣料でも顧客層は微妙に異なっていますし、立地やオペレーションのやり方は大きく異なっています。カジュアル衣料という意味では同じ領域で戦っている、リーバイスはどうでしょうか。ここでも価格帯やブランドがもたらす価値が異なります。あるいは製造メーカーであるリーバイスと製造と小売を一体として運営するユニクロでは、その価値提供の仕組みやオペレーションは根本的に異なっています。このように、広い意味では同じ業界にいても、企業が異なる戦略上の位置を占めることは可能なのです。

戦略ポジションは、戦略的な自由度を示す軸の上でどこを占めるかによって決まってきます。たとえば、低コスト・低価格で勝負する、あるいは、差別化された製品を提供するというのは、最も基本的な戦略軸上での選択です。この軸が何になるかは競合各社の戦略によって決まってきますが、一般的には大きく括ると、①ターゲットとする顧客、②顧客に提供する価値、③価値を提供するためにどのような活動をしているかという活動システム、の三つがあります。

ターゲットとする顧客や顧客に提供する価値というのはわかりやすいと思います。市場にいる顧客の中で一部にターゲットを絞ることも、あるいは、全てをターゲットとすることも可能です。選ばれた顧客に対してどのような価値を提供するかも企業の戦略ポジションを決めます。販売する製品がどのようなニーズを満たしているかは、最もわかりやすい顧客提供価値です。アフターサービスも顧客に提供する価値ですし、購買時にどのような経験をしてもらうかも重要な顧客提供価値です。

「活動システム」というのは耳慣れない言葉かもしれません。活動システムとは、企業のさまざまな活動がお互いを補完、強化しながら組み立てられている様子をシステムとして捉えているものです。たとえば、ユニクロのサプライチェーンは比較的品種の少ない定番のベーシック衣料について多くの色を提供するためにさまざまな活動が組み立てられています。また、ユニクロがターゲットとする顧客にあった店舗を実現するために、立地の選択や店舗の内装といった出店のための活動も整合性のとれた活動で支えていくことになります。このように企業の活動は個別の活動でなく、全体として整合性のとれた、連動した活動になります。

(5) 戦略ポジションとトレードオフ（二者択一）

こうした軸の上でどこのポジションをとるかは簡単に変えられないという論点が、ポーターの戦略論の要になっています。それはオペレーションを改善していくのが難しいといった実行レベルでの難しさを指摘しているのではなく、明確な選択に基づく戦略ポジションは何らかのトレードオフ（相反関係、二者択一）を含んでいるという根本的な難しさを指摘しています。

ポーターは、どんなに効率を改善していっても、二つの軸について両方の改善を同時にはできないような限界があることを指摘しています。低コスト・低価格と差別化された価値の二つの軸で考えてみても、現在のオペレーションに非効率があれば、二つを同時に改善することは可能です。小売店で在庫管理がきちんとできていなくて、欠品が生じている、といった状況については、コストを下げながらお客さんが欲しいものを常に手に入れられるようにすることは可能です。店の人員計画が悪いがゆえに来店客のピークと人の配置がマッチしていないのであれば、店の総人件費を減らしながら、店員の接客の質を上げることは可能です。しかし、現状の技術やオペレーションの仕組みが限界に近づくと、それ以上に店員が対人での接客を増やすためには、コストを増やさざるを得ないという状態が発生します。

どの顧客をターゲットとするかという軸についても、同様の問題が生じてきます。ユニクロの購買層を満足させる品揃えやサービスを追求していっても、高級ブランド店に買い物に来る客を満足させることはできません。二つのまったく異なる顧客セグメントを同時に満足させるようなポジショニングはとりえないのです。

もしある会社が、先に挙げたような軸（顧客の選択、提供する価値、価値を提供するための活動システム）について明確な選択をしているのであれば、それはトレードオフを伴うような選択をしているということです。ここでのトレードオフは割り切りという言葉を使っても良いかもしれません。何らかの割り切りなしにはできないような選択こそが他社が模倣できないような戦略につながるのです。

他社が同じ選択をするためには、大きな負担やマイナス要因を覚悟して決断する必要があります。また、顧客の選択、提供する価値、価値を提供するための活動システムは整合性のとれたものである必要があり、一部だけ模倣することはできません。他社にとっては現在の選択を完全に捨てて、新しい活動システムをさらから組み立てるか否かという難しい選択に直面することになります。

(6) 決断する経営者

トレードオフを伴う選択というのは、経営者に対して大きな決断を迫ります。もし明らかに一方の選択肢のほうが良いのであれば、それはトレードオフではありません。効率の改善の問題であり、どの会社が検討しても同じ結論が出ます。そうではなくて、右に行くべきか、左に行くべきか、どちらも同じようにありうる解だというところで、ぎりぎりの決断を下すのが、経営者の役割になります。これは身震いのするような突き詰め方です。経営者は、分析やデータに隠れるわけにはいけません。

吉原英樹教授は『戦略的企業革新』（東洋経済新報社）において、HOYAの社長を務めた鈴木哲夫氏が、新事業の進出を決める際に「論理的分析の役割は二割からせいぜい三割程度」と語っている言葉を紹介しています。これは論理を軽視している言葉ではありません。これでいけるという確信をもてるまで、事前に徹底的に分析して、戦略を論理的にとことん詰めている、とも鈴木氏は語ってもいます。それでも、ありうる選択肢は複数存在して、最終的にはトップの決断として選ぶ必要がある。その直感的部分は分析では代替できないのです。それがトレードオフを伴う意思決定の特徴だと言えるでしょう。

この経営者像は、経済学が前提としている経営者像とは大きく異なります。経済学的な世界の中で経営者が決められることは限られています。価格は市場で決まってしまいます。市場価格より一円でも高ければ、全ての顧客が安い供給者に行ってしまうのが完全競争の世界です。生産手段を選んでしまえば、費用構造は決まってしまいます。「利益＝（価格－費用）×生産量」の絶対的な真実の中で経営者は市場価格を睨んで、生産量を決めるしかできなくなってしまいます。これに対して、「戦略とは何か」で描かれている経営者は、主体的に競争の軸を選定して、不確実性に直面しながら決断することが役割になります。

(7) 真似できない戦略とは何か

もう一つ、戦略ポジションの模倣可能性という問題についてコメントしておきます。

経営学者の中には、人材や技術、ブランド、チャネルに対する影響力、効率的な生産オペレーションといった経営資源や組織能力を競争優位の源泉とする考え方もあり、これは「リソース・ベースト・ビュー」と呼ばれています。プラハラドとハメルという二人の経営学者がリソース・ベースト・ビューの代表選手です。

リソース・ベースト・ビューの立場をとる人は、こうした組織能力を他社が模倣しようとしても、すぐにはできないことを強調します。外部の経験やノウハウのある人間を雇ってくるだけでは、組織の動き方は変わりませんし、組織のプロセスやマニュアルを整備するだけでは人の動き方やスキルは変わりません。トヨタのカンバン方式を導入しようとした企業も長い年月をかけて、ようやく成功しています。このような簡単には移転できないような組織能力こそが競争優位の源泉である、というのがリソース・ベースト・ビューの考え方です。

ポーターはこうした考えに対して反論しています。スキルや組織能力は最終的にはオペレーションの問題であって、競合のベンチマーキング、新聞や雑誌での報道、取引先や退職した従業員、等々の情報によって遅かれ早かれ模倣される、というのがポーターの考えの根幹にあります。

それに対して、戦略ポジショニングのほうが模倣されにくいというのが、ポーターがポジショニングを重視する理由です。この模倣可能性についての判断は、極めて重要なポイントです。日本の経営者は戦略よりもオペレーション能力を重視しがちな傾向が明らかにあるようです。さすがに最近はおおっぴらに口に出されることはないにせよ、現場能力の向上には時間と手間がかかるけれど、戦略は紙に書けば終わりではないか、という考え方は経営者の間にもまだまだ多いように感じます。ポーターはこれに対して、真っ向から反論しています。明確な戦略ポジションを選択して、それを守り、発展させ続けるのは簡単なことではない、というのが、彼の主張です。

戦略ポジションがどれくらい模倣可能かは、企業がどれくらいトレードオフに対してぎりぎりの選択をしているかにかかっています。もしある企業の選択が、誰にとっても自明なものしかなされていないのであれば、このポジションは簡単にまねされるでしょう。もし経営者が戦略の決定に際して、トレードオフに基づいた選択をしていないのであれば、その経営者にとって戦略は簡単なものかもしれません。日本の経営者で戦略が簡単だと公言する方が減っているのは、そうしたぎりぎりの選択をしてきた経験に基づくものだと信じたいものです。

4　競争優位からイノベーションへ

(1)　トレードオフを超えて

トヨタ自動車には「ＹＥＴの思想」という言葉があるそうです。一見すると背反する要件を高い次元で両立させようという思想です。たとえば、静粛性と軽量化のどちらか一方を追求すれば、普通のやり方では他方が犠牲になります。これを高いレベルで実現させるために、あらゆる要素を徹底して検討したり、まったく新しい発想で問題に取り組もうというのが、ＹＥＴ（なおかつ）の思想だそうです。

一見すると、これは戦略ポジションの議論で言うところの、トレードオフを無視してオペレーション改善を目指すアプローチのように見えます。しかし、これは何らかの非効率について、改善の努力を積み重ねているという話ではありません。トヨタがここで目指しているのは、トレードオフの発生する効率性の限界を外側に押しやろうということです。イノベーションによって、従来のトレードオフをまったく変えてしまおうというアプローチです。

同様に、魅力的な戦略ポジションは既存のトレードオフを乗り越えて、新しいトレードオフを作り出すことによって生まれています。たとえば、ユニクロは、中国の生産能力を活用しながら製販一体のオペレーションを作り上げることによって、低コストと高品質を高い次元で両立させています。ベーシックな品目に絞っていますが、色遣いの面では多品種を実現しています。顧客にとっての新しい価値を作り出しています。

注意していただきたいのは、全てのトレードオフから逃れているのではないという点です。どこかに捨てている要素が必ずあります。どのトレードオフは受け入れて、どのトレードオフにはチャレンジしていくか、というのは、経営者、戦略家にとっての大きな決断を要する意思決定です。場合によっては、実験をしながら、修正していく必要があるでしょう。

たとえば、直販のデルモデルで有名なデルは一九九〇年代初めに小売チャネルに参入しています。これは失敗に終わった取り組みです。しかし、コールセンター経由の直販モデルからウェブを活用したモデルへの発展は成功しています。ウェブを活用することで、企業ごとの購買のルールを反映した発注を可能にし、顧客ニーズごとにカスタマイズした購買経験を非対人チャネルで提供するという、いままでの考え方では両立できないと思われていたことを成功させています。また、パソコンで成功したモデルを、サーバーに拡張するという取り組みも成功しています。サーバーのような技術製品を非対人チャネルで販売するというのもできないと思われていたことです。

つまり企業は戦略的ポジションを築くために、創造的な手法でトレードオフにアプローチして、継続的にイノベーションを起こしているのです。ポーターは「ダイナミックな改善が競争優位にとって重要である」ことを指摘して、迅速な改善とイノベーションを戦略ポジションに連動して推進することを提唱しています。

(2) イノベーションの場としてのクラスター

イノベーションが起こる場としてポーターが重視しているのは「クラスター」です。クラスターとは、地理的に近接した地域に位置する、ある特定の分野で相互に関連した企業と機関の集団を指します。英語の辞書を引いてみると、クラスターとは「似たようなものが一緒になって育っている状態」と載っています。ブドウの房や花が密集したような状態を指します。企業や機関がある限られた地域に密集して発展している状態を指す言葉として、ポーターはクラスターという言葉を使っています。

企業立地という観点からは、関連した企業が密集しているという現象があることはむかしからよく知られていました。資源や顧客に近いという理由から、企業が自然に集積してくるというのです。日本でも山口県にセメント産業が集積していたり、木材の産地に近かった浜松に楽器メーカーや家具製造業が集積していたのは、原材料が要因になっていると考えられます。トヨタ自動車や三菱自動車の工場のある名古屋地区に自動車部品産業が集積しているのは顧客に近いためです。

ポーターは、こうした集積の中に競争力の高い企業が偏って存在していることを指摘しています。単に、特定の国に集中しているだけでなく、極めて狭い地域に世界的に競争力のある企業が集中しているというのです。たとえばアメリカでは、シリコンバレーのマイクロエレクトロニクスやバイオテクノロジー、ボストンのミューチャルファンドや医療機器、ニュージャージーの製薬、デトロイトの自動車、などのクラスターが知られています。あるいは、こうしたハイテクに近いクラスターだけでなく、カリフォルニアのワインクラスターやイタリアの製靴クラスターなど、幅広い産業で、国際的に競争力の高い企業が集積している現象が見られます。

こうした現象をさらに詳しく見ていくと、必ずしも天然資源の産地と近いことや需要地と隣接していることだけでは、企業の集積が発展し持続していることが説明できないことがわかります。必ずしも最大の需要地に競争力のある企業が集積しているわけではありませんし、伝統的な意味での資源の差で説明のつかないような立地も増えています。テキサスの石油クラスターのように、原油の生産では重要性がなくなった地域において高度なサービスを提供している例もあります。

クラスターが発生し、さらに、発展していく理由として、ポーターはイノベーションの場としての役割を重視しています。クラスターでは、競争が活発に行われ、さまざまな情報が企業間に流れる結果、イノベーションが刺激されるため、生産性が上昇します。ここまで議論を進めたとき、ポーターは自らの思考の発展を指摘しています。すなわち、狭い視野で見たときには競争は企業の収益性にとってはマイナスだが、グローバルな競争力という意味では、クラスターという競争と協力がダイナミックに起こる場がプラスに働いているというのです。これは『競争の戦略』の構造の議論からさらに進めた議論になっています。

(3) 国の競争優位

ポーターは、この議論を一歩進めて、マクロ的に一国の競争力を問題にするのは間違っており、クラスターこそが競争力の源泉として重要であると論じています。

ポーターは、「国の競争力が高い」とは生活水準の向上につながる高い賃金水準の雇用を継続的に創出できることだという認識を示しています。高い賃金水準を維持するためには、生産性が高い必要があります。つまり、ある国の競争力が高いためには、生産性の高い企業や産業が存在していることが必須です。そこで、生産性の高い企業や産業が狭い地域に集積しているクラスターという現象が重要になってきます。

そのうえで、伝統的な産業政策やマクロ経済政策に偏った施策でなく、企業の競争力に寄与できるようなクラスターの条件を整えることが、イノベーションを通した生産性の向上を促し、結果として雇用の創出や給与水準の上昇につながるという立場をとっています。

どのような条件が整ったときに健全なクラスターが発展していくかに着目すると、従来の産業政策が見落とした要素が浮かびあがってきます。具体的にクラスターとはどのような性格のもので、どのように出来上がってくるものなのか。クラスターが政策上どのような意味を持っているか。これらの中身については後の章で詳しく見ていきましょう。

(4) イノベーターとしてのポーターの発想

さて、ここでポーターのアプローチについて一つコメントしておきましょう。

ここまでポーターの競争についての考え方の変遷を見ながら、ポーターのキーワードを拾ってきました。避けるべきものとしての競争から、競争の中で積極的に戦略ポジションを作り出していくという考え方に発展していったのを理解しました。さらには、戦略ポジションを強化していくようなイノベーションを刺激していくものとしての競争という考え方に大きく変化しています。

こうした考え方の変化を貫くポーターの発想の源は何でしょうか。ポーター自身は「分析の単位」を変える、という言葉を使っています。これは競争という問題について企業、業界、国という異なるレベルで研究してきたという意味です。実は、ポーターは取り組む問題だけでなく、答えを見つける段階でもその分析の単位を変えています。

まず、最初に企業の収益性の差がどこから来ているのかという問題に対して、それは企業内の要因ではなく業界という外部環境が大きな影響を与えているという答えを提示しています。多くの人が個別企業の要因を捜し求めたのに対して、違う分析の単位を示しました。では、業界内の競争優位がどこから来るのかという問題に対して、戦略ポジション対コアコンピタンスという対比がありました。それに対して、活動システムという概念を提示することで、単一の活動によって競争優位ができるのでなく、活動システムに支えられたポジションという統合した解を提示しました。国の競争優位がどこから来るのかという問題に対して、それは国という単位ではなくて、立地という単位で考えるべきだという答えを返しています。

ポーターはパフォーマンスの差がどこから来るのかという問題に対して、通常言われている説明からずらした解を提示することによって新しい理論を打ち立ててきました。それは既存のトレードオフを打ち破ることによって新しい戦略ポジションが打ち立てられるのと同じです。

さらに、ポーターは単一の要因に答えを絞り込むことを拒否しています。業界要因と言っても、たとえば経験曲線だけで業界のダイナミクスを分析することに強く反対しています。五つの競争要因とそのサブの要因を挙げていくことで、システムを理解しようとしています。活動の集合体である活動システムにしても、関連する企業のシステムとしてのクラスターにしても、単一要因でなくシステムとして原因を理解するための枠組みを提示しています。

これは多くの知識労働者にとって重要な示唆だと思います。

まず、問題が前提としている分析の単位を疑うこと。

二者択一の質問が出てきたときには、それを組み合わせた解やまったく別の解がないか考えること。

単一の解でなく、複数の要因を組み合わせた解を考えること。システムとして問いと答えを考えること。

こうした姿勢は知識労働者が豊かな発想を持つために心得ておくべき作法と言えると思います。この本でもポーターの提示したシステムをシステムとして活かせるような理解の仕方を心がけていくつもりです。

［Ⅱ］

五つの競争要因を学ぶ

1　競争要因を考える

日本企業において新規事業の参入を検討する際には、需要があるのか、顧客ニーズがあるのかという側面については、一般的にかなり突っ込んだ検討がされています。ところが、この事業が儲かるのか、という問題についての検討は通り一辺倒になりがちです。特に、競合の反撃や新規参入、顧客からの価格引下げ圧力といった業界構造の検討をきちんとするというのは、ひょっとすると日本企業の最も苦手なところかもしれません。

ポーターの五つの競争要因は、I章でも触れたように、ある業界の収益性が高くなりそうか、低くなりそうか、また、その原因はどこにあるのかを理解するための枠組みです。業界の問題点がどこにあり、どこに注目して戦略的な機会を探るかを理解するうえで、ポーターの五つの競争要因はとても役に立つツールでもあります。

五つの競争要因を図示した図2―1を見てください。ここには、新規参入の脅威、既存事業者間の敵対関係の強さ、代替製品からの圧力、買い手の交渉力、売り手の交渉力の五つの競争要因が挙げてあります。自社を取り巻く競争環境を順に考えていくと、この五つの競争要因は

図２－１　５つの競争要因

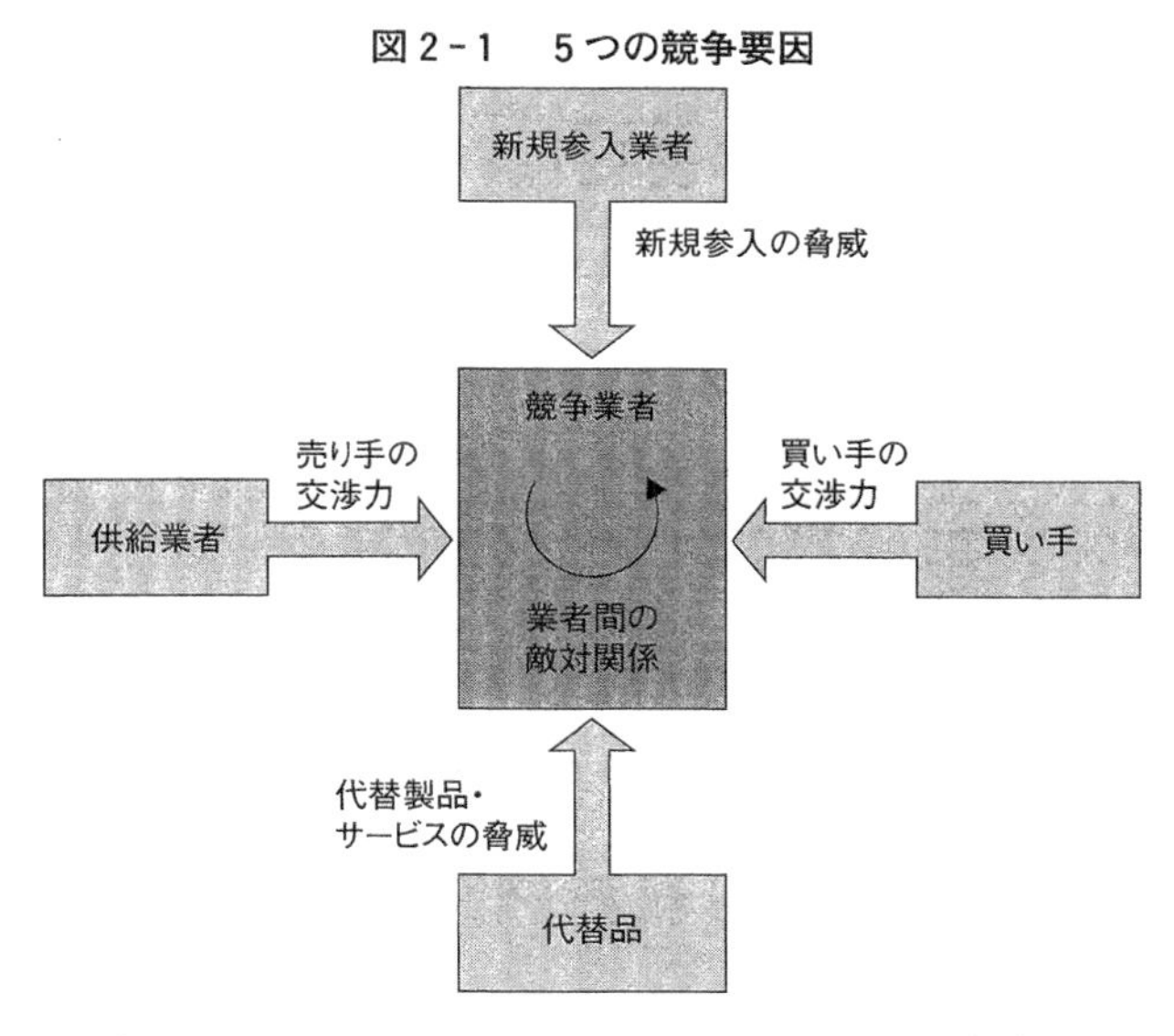

（出所）　マイケル・Ｅ・ポーター著、土岐坤、中辻萬治、服部照夫訳『競争の戦略』ダイヤモンド社

当然挙がってくるものです。

各企業が属する業界とその上流と下流に位置する業界はわかりやすい要因です。業界他社がどれくらい激しく戦っているかが、直接的に自社の収益性を大きく左右することは言うまでもありません。買い手の交渉力は自社の製品がどのような価格や条件で売れるかを決定します。売り手の交渉力は自社のコストを通して、収益性に影響を及ぼします。

それに対して、新規参入や代替製品は短期的な視点で収益性を考えると見落としがちな要因です。しかし、長期的な業界の収益性、および、その安定性はこの二つの要因によって制約されます。新規参入が容易であれば、業界の収益性が良くてもすぐに新規参入によって競合が激化し、収益性が押し下げられてしまいます。代替製品の存在は、自社製品がどのような価格や条件で販売できるかを決める重要な要因です。

代替製品や新規参入の可能性を幅広く考えることも忘れてはいけません。経営者はどうしても現在の製品やサービスを中心に経営を考えがちです。しかし、ハーバード・ビジネス・スクールでマーケティング教授を務めた故セオドア・レヴィットが指摘していたように、ドリル会社の顧客が欲しているのは四分の一インチの穴であって、ドリルではないのです。いやひょっとすると、製品製造のためのプロセスや設計が変われば、穴も必要でなく、本当に必要なのは製造のためのソリューションなのかもしれません。ドリル会社が競合のドリル会社だけを見て業界の構造を考えていると大きな見落としをしてしまいます。顧客のニーズを満たす能力のあるプレーヤーを幅広く捉えることが必要になります。

2　経済学的に捉えた五つの競争要因

I章でも指摘したように、ポーターは経済学的な枠組みを使いながら、この五つの要因を説明しています。そこで、個別の要因の説明をする前に、この五つの要因の働きがどのような経済的な力で決まっているかを見ていきましょう。

(1) 価格交渉力の強さ

まずは製品の仕様が明確になっている標準的な製品について、価格交渉が行われている状況を想定しましょう。当然、自社の業界での価格交渉力が強ければ収益性は高くなりますが、価格交渉力はどう決まってくるのでしょうか。

話を単純化して、市場で個人の売り手と買い手が相対する状況を考えてみましょう。実際に縁日のように市で売り手が店を並べている状況を想像しても良いでしょう。ある品物について売り手が一人しかいなければ、買い手は売り手の言い値をのむか、あきらめるしかありません。いろいろ粘って交渉する余地もあるでしょうが、売り手は自分以外の売り手がいない中では強気で交渉するでしょう。また、一人の客に対して価格を下げれば、他の客との交渉に不利になることを恐れて簡単には価格を下げないでしょう。

ところが、ある品物について複数の売り手が存在する場合はどうでしょうか。買い手は店の間を歩き回っていろいろな売り手に接触してお互いに価格を競り合わせるように努力でき、買い手の価格交渉力が強まります。

買い手の数によっても価格交渉力は変わってきます。買い手が一人の場合、この買い手は強い交渉力がもてます。買い手の数が増えてくると、売り手側は余裕を持った交渉ができ、売り手の価格交渉力が強まってきます。

つまり、売り手が何人いて、買い手が何人いるかは、価格交渉力に大きな影響を及ぼします。この構図は業界間の価格交渉力を比較した場合でも成り立ちます。買い手業界と売り手業界の間で、プレーヤーの数が少なくて集中度の高い業界はより交渉力を持つことができるのです。近年の素材産業の再編とそれに伴う価格交渉力の改善は、業界の集中度の影響力を再確認させてくれました。鉄鋼業界と自動車業界の価格交渉力のバランス変化は良い例でしょう。川崎製鉄と日本鋼管が二〇〇二年九月に統合した結果、自動車業界に対する高炉メーカーの交渉力が改善したことは鉄鋼メーカーの業績回復の大きな要因になりました。

競合の数が多くなると、自社の価格引下げが他社に気づかれない可能性が高いと予測しがちです。各社がこうした予測に基づいて行動すると、価格は乱れがちになります。これも競合の数が多くなると、価格競争が起こりやすくなる原因の一つです。反対に、競合の数が少ないと、どの会社にとっても価格で出し抜くことが難しく、お互いに無理な競争をしない暗黙の協調関係を作って価格を維持したほうが得なことがはっきりします。

上位企業のシェア（市場占有率）が高い寡占的な業界では、大手企業が価格形成面でリーダーシップをとり、業界協調価格として高止まりした価格設定を維持するという状況はしばしば観察されます。このような状況では、リーダー企業は少し高めの価格を提示して業界他社もついていけるようにします。リーダー企業はあえてシェアの最大化を狙わず、業界の安定を維持しようとします。そしてこの秩序を乱すような行動をとる企業に対しては、徹底した報復を行います。こうしたしっぺ返し作戦をとることで、業界協調が全ての会社にとってメリットがあるということを教えられます。特に、少数の会社がずっと業界にいてお互いの動向がつかめる場合は、暗黙の協調を維持しやすくなります。買い手側からこの状況を見ると、集中度の高い業界に対して自らの価格引下げの要求が通る可能性は低いということになります。

異質な競合事業者がいることが業界内の競合関係を激化させるとポーターが指摘しているのは、この協調関係の維持を問題にしているためです。戦略目標が異質な企業はリーダー企業の傘の下での利益極大化を良しとしない可能性があります。また、リーダー企業の経営者が業界協調を求める発言を繰り返しても、こうしたシグナルを読み違える可能性が高くなります。

業界の集中度は価格交渉の際に、売り手同士を競り合わせることがどれくらい可能かという視点です。その他にどのような価格交渉のテクニックがあるでしょうか。一つは、「私はあなたのコストを知っていますよ。もっと下げられるでしょう」です。あるいは、「だったら自分で作るよ」というのもあります。つまり、買い手が売り手の情報を持っていたり、川上統合の脅しをかけられる場合、買い手の価格交渉力は強くなります。

また、どれくらい買い手や売り手が価格交渉に本気になるかも大変重要です。収益性の低い企業や業界は必死になって価格交渉します。自社のコストの大きな割合を占める製品を買う場合も、必死に交渉をするはずです。市場全体の成長率が低い場合も一つ一つの商談が重要になりますから、そこで価格を下げても競合に勝ちたいというインセンティブが働きがちです。

ここまで見てきたように、業界としての価格交渉力の強さやどれくらい価格交渉を行ってくるかについては、二社間の関係からの類推で理解できます。

(2) 稼働維持への圧力

引き続き仕様が揃った製品を考えてみましょう。売り手の立場に立ったときに、赤字でも良いので生産設備の稼働を維持したいという状況はどのようにして起きるでしょうか。一般的な状況として挙げられるのは、①生産設備の稼働に関係なく発生する固定費が大きく、②業界への参入が容易であったり、あるいは、余剰生産設備の廃棄が進まず、生産能力が需要を上回っているときです。固定費が低く、たとえ過剰な生産能力があっても生産設備の稼働を止めることで費用の発生が抑えられるのであれば、生産を維持するために価格を下げようという圧力は少なくなります。また、業界全体の生産能力が需要に追いつかないのであれば、むしろ企業は買い手に対して価格引上げを迫ります。

①固定費の高さ

事業の固定費が高いかどうかは基本的な技術や産業の特性とあわせて、個別企業のオペレーションの設計によっても変わってきます。たとえば、鉄鋼を代表とする素材メーカーは大きな生産設備を連続的に稼働させることが効率の点で重要であり、固定費が高くなりがちです。しかし、高炉メーカーに対する電炉メーカーのように、相対的に固定費の低い技術をとる企業もあります。同じ業界の中でも、できるだけ生産を外注化、アウトソースすることによって固定費を低くしておくという選択も可能です。業界を分析する際には、こうした企業ごとの差を見ていく必要があります。

固定費が高い事業は製造業だけとは限りません。航空会社も、飛行機をカラで飛ばしても満席で飛ばしてもあまりコストが変わらない、という高固定費事業の典型です。また、ソフトウェア会社やコールセンター会社も、もし人員を正社員で抱えていれば高固定費事業になります。

固定費とは異なりますが、製品を在庫として持ったときの費用が高いかという問題も気をつけておく必要があります。乳業のような鮮度が要求される食品メーカーも作りすぎた製品を在庫として持っておくことができず、在庫が廃棄ロスに直結します。こうした在庫費用の高い業界や在庫にできない業界では、価格競争が起きやすくなります。

②参入障壁と撤退障壁

生産能力が需要を上回る状況に陥りがちか否かはどのように決まるのでしょうか。業界への参入や撤退がどれくらい困難かに依存します。参入、撤退を阻害する要因を参入障壁、撤退障壁と呼びますが、この二つの組み合わせで長期的な生産能力と需要のバランスが決まってきます。
ポーターは図2―2を挙げて説明しています。参入が容易で撤退が難しい場合は、業界が好調なときには競合がすぐに増えてしまうのに対して、業界の需要が低迷している場合も過剰設備がなかなか解消されません。したがって、平均的な収益率が低いうえに、業界が安定しません。反対に、新規参入が難しくて業界からの撤退が簡単な状況では、最も業界が安定して過剰設備ができにくくなります。平均的な収益率も高くなるでしょう。新規参入も撤退も困難です

図2－2　障壁と収益性

参入障壁＼撤退障壁	小	大
小	見返りは低いが 安定する	見返りは低くて リスキーである
大	見返りは高くて 安定する	見返りは高いが リスキーである

（出所）　マイケル・E・ポーター著、土岐坤、中辻萬治、服部照夫訳『競争の戦略』ダイヤモンド社

と、平均的には収益率は高いことが期待できますが、リスクも抱えています。業界の需要が低迷したときに過剰設備が残ってしまいます。

参入障壁と撤退障壁が高いか低いかについても、費用や投資という観点をまず押さえることが重要です。

この業界から撤退するために費用がどれだけかかるかが、撤退障壁の大きさを決めます。たとえば、業界に特化した生産設備と汎用の生産設備では撤退費用が大きく異なります。汎用の生産設備であれば、転売することによって撤退費用は低くてすみます。転売できない場合は、設備の撤去費用を含めた清算費用を想定する必要もあります。従業員の再トレーニングや配置転換に関わる費用、解雇に関わる費用も撤退費用です。既存顧客に対する補償や部品供給を継続するための費用もあります。

参入障壁は、業界への参入にどれくらいの投資がかか

るか、および、規模その他の理由でコスト上の不利がどれくらいあるかによって決まります。半導体産業のような生産設備への投資、医療用医薬品のような新製品開発への投資、化粧品メーカーのブランド構築への投資など、投資の中身はいろいろありますが、投資額が大きくなるとリスクも大きくなり参入が困難になることは間違いありません。

既存事業者が新規事業者に対してコスト面で優位に立つこともよくあります。このコスト差がどこからどれくらい発生しうるのかを評価する必要があります。企業のオペレーションの規模が大きくなるにつれて単位コストが下がっていく、規模の経済も重要な要因です。半導体は規模の経済の働く産業の一つの典型例でしょう。大きな規模の工場を建てれば、同じ半導体でも低いコストで製造できます。こうした規模の経済が存在する場合、既存事業者よりも小さな規模で操業を開始する新規参入事業者はコスト面で不利になります。

そのほかにも、I章でも触れた経験曲線によるコスト差も重要です。経験曲線は、規模の差も要因の一つですが、それだけにはとどまりません。今年の生産量が同じ場合でも、先行してこの事業に取り組んできた事業者は、後発事業者よりも多くの経験を積み重ねています。現場労働者が生産活動により習熟したり、製造しやすい設計を行うノウハウを蓄積したり、サプライヤーとのコストダウン活動を進めたり、といった改善の積み重ねによって経験量の多い事業者がコスト低減を実現できるのです。積み重ねた経験の差がどれくらいコスト差に響いてくるかは業界によって異なります。新規参入事業者にとっての参入障壁としての重要度を見極める必要があります。

以上で見てきたように、費用構造や設備投資の必要性を理解することが業界構造の理解で重要な要素になります。

(3) 差別化の度合い

ここまでは仕様が揃った製品を想定して、価格交渉力と費用構造を考えてきました。しかし、現実には各社が提供している製品は異なっています。仕様も違うでしょうし、耐久性や仕上げ、デザインといった広い意味での品質のさまざまな要素が違うかもしれません。付帯サービスや保証のような面でも差がありえます。こうした仕様の差が顧客にとっての差別化につながるような業界では価格低下の圧力が弱くなります。

差別化がどれくらいできるかは、実際の品質の差、顧客が品質の差をどれくらい認知できるか、認知された品質の差をどれだけ重視するか、という要素の掛け算で決まってきます。多くのコモディティ（汎用品）と呼ばれている製品では品質の差はほとんどありません。実際に品質の差があっても、顧客にはわからないような差であれば、差別化にはつながりません。また、産業用の製品では、顧客がつくる最終製品の品質にどれくらい影響を与えるかによって、品質の差に顧客がどれくらいの価値を見出すかが変わってきます。

もちろん品質の差の認知や、消費者が品質にどれくらいの価値をおくかは、供給側の努力にも左右されます。たとえば、魚や野菜など多くの食品では産地のブランド化が進んでいます。これは、汎用品だったカテゴリーにおいて品質の差を認知させる努力が実を結んだ例です。

もっと進めれば、実体的な差はなくてもブランドが確立されていれば、それだけで差別化の源泉となります。コカ・コーラとその他のコーラ飲料について、製品名を隠して消費者にのんでもらうと、ほとんど差はわからないにもかかわらず、実際に店頭で消費者が選ぶのはコカ・コーラが多くなります。

業界で提供している製品について差別化がどれくらい行われているかは、業界の収益性を大きく左右します。差別化に成功した企業が価格プレミアムを獲得できるという要素のほかに、どれくらい業界で価格競争が起こりやすいかに大きな影響があります。もし差別化がまったく行われていないのであれば、顧客の購買は価格で決まってしまいます。これに対して、差別化が行われていれば、価格競争に陥りにくくなります。

差別化と似ていますが、異なる要因としてスイッチングコストがあります。これはユーザーがある製品から別の製品に乗り換えるときに発生するコストです。たとえば、ウィンドウズのパソコンを導入している企業に新しいシステムへ切り換えてもらうには、再教育の費用や関連機器の購入の費用まで含めて納得してもらう必要があります。既存のソフトウェア資産がどれくらい使えるかの検証の費用も大きいでしょう。スイッチングコストが存在すると、他社の顧客を獲りにいっても成果がなかなか期待できないため、業界の競争は緩やかになりがちです。

3　競争要因はオールドエコノミーにのみ当てはまるか

以上に挙げてきた三つの大きな視点を念頭において、五つの競争要因を検討していくと、業界の競争環境がよく理解できます。この三つの視点の根底にあるのは、五つの経済主体がコスト構造や販売条件の下でどのような意思決定を行って他の主体と競い合うかというものです。これは経済主体が合理的な判断をする限りにおいて、成り立つ可能性が高い命題から組み立てられていることを物語っています。具体的な買い手と売り手の状況に結び付いていますが、一般的な状況に適用しても成り立つような論理性を備えています。だから、幅広い産業で適用することができるのです。

もちろん産業の性格によって分析の細かいところは変えたり、より深い分析の視点が必要な場合もありますが、その場合でも、根本的な競争要因の骨格は変わりません。たとえば、カール・シャピロとハル・バリアンという二人のミクロ経済学者は、『「ネットワーク経済」の法則』(ＩＤＧコミュニケーションズ、原題 *Information Rules*) において、情報を中心にした経済や企業についての競争の性格を理解するための枠組みを提示しています。ここではソフトウェアやコンテンツといったインフォメーション製品と呼ぶべき分野での競争の原則を論じています。著者たちが指摘しているポイントは、大きく三つあります。一つは、インフォメーション製品は制作費は大きくかかるが、それを大量に販売しても追加的にかかるコストは少ないこと。二つは、ソフトウェアやシステムはスイッチングコストが大きくなりがちで、顧客がある製品に囲い込まれてしまうことがよくあること。三つ目は、システムの場合は特に標準として多くの人に使われることで価値が上がるという効果が存在すること。

最初の二つは、高固定費とスイッチングコストというポーターが重要性を指摘した要因が極端に表れているものです。三つ目のポイントは「ネットワークの外部効果」として経済学で指摘されていた要素ですが、ポーターの五つの競争要因に追加して取り扱うべきでしょう。これらはポーターが挙げた競争要因を置き換えるものではなくて、ポーターの考え方を補完し、拡張していくべきポイントとして考えるべきです。

シャピロとバリアンは「技術は変貌する。しかし、経済法則は変化しない」という言葉を使っています。まさに、この言葉はポーターの競争要因の議論を理解する際にも心に留めておくべきものです。たとえ業界の根底にある技術が最先端のものであっても、業界の競争環境を決めるのは、コストがどのようにかかるかであり、顧客がどのように選択するかです。コストと顧客行動を理解するカギはオールドエコノミーでも、ニューエコノミーでも共通なのです。

4　各要因についてのポイント

ここまでは、五つの競争要因の背後の論理を見てきました。実際に、事業戦略の検討のために業界分析を行う際、慣れないうちは、各要因ごとに一つ一つ確認していったほうが良いでしょう。いくつもの業界を見ていくうちに、その中でカギになる要因が何かがすぐにわかるようになってきます。ここでは、ポーターの『競争の戦略』での記述に沿って、各要因ごとに具体的な業界分析を行う際に重要な項目を確認していきましょう。

(1) 新規参入の脅威

新規参入は競争を活発化するため、参入が容易な業界では長期的な収益性は低くなってしまいます。ポーターは新規参入を困難にする参入障壁の側から、新規参入の問題を扱っています。どのような場合に参入障壁が高くなるか、新規参入の脅威が小さくなるかを見てみましょう。

①規模の経済

先に指摘したように規模の経済が存在する業界では、新規参入が難しくなります。規模の経済は製造工程にだけ見られる現象ではなく、他の機能分野でも存在します。広告費用でも、会社や製品ブランドの売上規模が大きくなると、市場での存在感が増し、同じだけの広告を追加投入してもより大きな効果が得られることもよくあります。あるいは、広告宣伝部の規模が大きくなることで、優秀なスタッフを集めたり育成することが容易になることもありえます。

機能分野ごとに規模の経済の働き方は異なっており、どのような形態での新規参入がありえるかにも影響を与えます。たとえば、医療用医薬品の業界では新薬の開発、特に開発後期で規模の経済が大きく働きます。これは、実際に患者に薬を服薬してもらって、効果と安全性を確認する治験というプロセスのコストが大きいためです。これに対して、生産ではあまり規模の経済は働きません。だから、バイオベンチャーのような開発初期に特化した会社、生産を中心にした受託生産会社、すでに特許が切れた後発薬の会社の新規参入が起こりやすいのに対して、治験段階を自社で行ういわゆる新薬メーカーの新規参入はまれなのです。

②製品の差別化

製品の性能やブランドによる製品の差別化も新規参入に対する障壁となります。製品差別化は顧客ロイヤルティにつながるため、新規参入者は価格を安く出す、より高い性能を提供する、ブランド構築のための投資を行う、といった対応を迫られることになります。顧客獲得のための追加の負担を覚悟する必要があります。

③投資の必要性

業界への参入のための初期投資が大きければ、参入はそれだけ困難になります。たとえば、自動車業界や航空機業界に参入するには大きな投資が必要になります。資本市場が発達した今日でも、新規参入のための資本投下の額が大きくなれば、資金調達できる企業は限られます。

④スイッチングコスト

スイッチングコストが存在する場合も、新規参入が難しくなります。システム化されたような製品、あるいはサプライヤーの提供する製品の評価や確認にコストがかかる製品ではスイッチングコストが高くなります。先に企業がパソコンをスイッチする例を挙げましたが、個人消費者でもさまざまなスイッチングコストが存在します。銀行口座を変更する手間、携帯電話の事業者を切り換える手間、髭剃り用かみそりの替え刃を変えるための本体のコスト、等々です。

⑤流通チャネルの確保

流通チャネルを確保する必要性は新規参入を阻害する要因になりえます。小売や卸といった直接的な流通チャネルは最もわかりやすい例です。コンビニエンスストア、ドラッグストア、総合スーパーといった大手小売がどれくらい棚を割り当て、販促をしてくれるかが、食品や飲料、シャンプーなどのパーソナルケア商品では重要になっています。

消費者へのアクセスとして問題になるのは、小売や卸といった伝統的な流通チャネルの問題だけではありません。製品の良さをユーザーに理解してもらって、買ってもらう場を提供する問題として幅広く定義する必要があります。たとえば、音楽コンテンツではメディアへの露出を確保できなければ、新規参入は困難です。どのような形のチャネルにせよ、最終ユーザーに到達するチャネルを確保するための必要投資額は新規参入に際しての大きな問題です。

⑥規模以外の要因でのコスト面の不利

規模以外の理由で、既存企業がコスト面の優位を確立している場合があります。固有の製品技術、原材料の有利な調達条件、有利な立地、政府の補助金、経験曲線などは重要な要素です。

⑦政府の政策

政府の規制によって新規参入が制限されている場合があります。たとえば、携帯電話事業の周波数帯の割り当てや医薬品の認可といった、競争政策以外の理由による規制でも、新規参入事業者にとっては障壁となることもありえます。

(2)　既存事業者の敵対関係の激しさ

ポーターは以下のような状況で業界内での既存企業の敵対関係が激しくなるとしています。すでに述べた要因と重なっている部分が多いので、ごく簡単に説明します。

①多数の、あるいは、同じくらいの規模の競合企業が存在している

数多くの競合企業が存在している場合や、規模が同じくらいの競合企業間で競争が行われている場合、競合を出し抜こうという誘引が大きくなります。こうした業界では、少数の企業が高いシェアを占めている寡占市場の場合やはっきりした大手企業が存在しており業界での価格秩序を守ろうとしている場合に比べて、価格競争に陥る可能性は高くなります。

②業界の成長が遅い

市場全体の成長が遅い場合、他社からシェアを奪うしか自社の成長の道がなくなるため、

シェア競争が激しくなりがちです。

③固定費が高い、在庫コストが大きい、売り切る必要がある

企業の固定費が大きい場合、企業は稼働を維持して少しでも固定費をカバーしようとするため、価格競争が激しくなりがちです。在庫費用が大きい製品であったり、乳製品や航空会社の座席のように売り切る必要のあるものについても、価格競争が起こりやすくなります。

④差別化やスイッチングコストが限られている

もし、ある製品の差別化がまったくできず買い手にとってスイッチングコストが発生しないコモディティのような製品であれば、競争は激しくなりがちです。いま一度、注意しておきたいのは、ある製品について差別化が可能かどうかは、製品そのものの性質だけで決まらないことです。企業側の戦略や施策によって大きな差が出てきます。たとえば、水がブランド化されるというのは二〇年前には考えられなかったでしょう。しかし、飲料メーカーが今後激しい価格競争を続けていけば、ブランドよりも価格主導型の市場になってしまいます。差別化がどれくらい存在しているか、また、差別化の源泉がどれくらい安定的かは、企業側の戦略と顧客側の評価基準の相互作用の中で注意深く評価する必要があります。

⑤大幅な生産増強が必要である

生産能力を増強する場合、大きなかたまりでする必要があり、生産能力の微調整ができない場合、過剰生産能力の解消に時間がかかり、価格競争が長引きがちです。半導体が典型的な例でしょう。半導体の工場を一つ建設するには約二〇〇〇億～三〇〇〇億円かかると言われます。小さな規模の工場を建ててもコスト効率が悪く成り立ちません。結果として、半導体市場では、半導体の用途市場が広がるスピードと新しい世代の工場の建設のバランスが崩れるたびに、市況の大きな上下動が起こり、これが半導体企業の収益を大きく圧迫しています。

⑥異種の競合企業が存在する

競合企業の出自や目的が大きく異なる場合、競合関係が不安定になりがちです。海外市場に日本企業が進出した場合に、このような効果を引き起こしていました。四半期ごとの利益を確保しようとする地元企業に対し、日本企業は長期的な市場開拓を優先しました。このように戦略目的や業績評価のあり方が異なる場合は、既存の業界秩序が乱れる可能性が高くなります。

⑦戦略上重要な市場である

自動車業界やＩＴ業界にとってのアメリカ市場のように、戦略的にそこで勝ち残ることが重要で波及効果の大きい市場では競争は激しくなりがちです。日本企業の場合は特に重要市場でのシェアを重視する傾向にあるので、こうした傾向が強いように思われます。一九八〇年代の半導体、特にDRAM市場での競り合いは記憶に新しいでしょう。パソコン市場への相次ぐ参入、携帯電話市場、フラットディスプレーなど、戦略的に重要であると共通認識ができたり、マスコミがはやし立てる市場での競合状況は厳しくなることが予想できます。

⑧撤退障壁が高い

撤退障壁が高い場合、業界の生産能力過剰はなかなか解消されず、競合が激しくなります。

(3) 代替製品からの圧力

ある製品に対して代替的に使われる製品が存在することはよくあります。たとえば、資産形成を考える個人は、銀行での預金や保険商品、投資信託、株式投資といったサービスの中で選択をします。こうした状況では、銀行の預金獲得競争は他の金融サービスとの競争からの圧力を受けています。

代替可能性が高い製品が存在し、かつその製品のコスト対性能が改善している場合の競争圧力は高くなります。コンピューター業界の例では、企業の基幹的なシステムを構成していたUNIXサーバーが、価格性能比を高めるパソコンから強い競争圧力を受けたのが良い例です。

通信業界ではさまざまな新しい技術が競い合って市場を奪い合い、新しい市場を作り出しています。固定電話に対するＩＰ電話（インターネット技術を使った電話サービス）や携帯電話はわかりやすい代替サービスです。電子メールも広い意味での代替サービスになります。

(4)　買い手の交渉力

買い手は自社業界にとって利益を取り合う相手になります。できるだけ安く買おうと圧力を加えたり、より高いサービスレベルを求めてくることは、自社の収益性にとってはマイナスになります。買い手の交渉力は以下のような状況で大きくなると、ポーターは指摘しています。

①買い手が集中している

買い手の購買量が大きかったり、ある買い手が集中している場合は、買い手は強い交渉力を持ちます。

②買い手のコストに占める割合が大きい

自社の提供する製品が買い手のコストの中で大きな割合を占めるのであれば、買い手はできるだけ安い価格を引き出そうとします。

③製品が差別化されていない

製品が汎用品であれば、価格による選択が中心になり、自社の収益性を圧迫しがちです。

④スイッチングコストが低い
サプライヤーを変えることのスイッチングコストが低ければ、買い手の交渉力は増します。
⑤買い手の収益性が低い
買い手の収益性が低い場合は、コスト引き下げの圧力が強くなりがちです。
⑥買い手が上流統合の脅しをかけられる
買い手が自社生産に乗り出すことが可能であれば、買い手の交渉力は強くなります。アメリカの自動車会社は伝統的にこうした脅しをかけることで価格引下げを迫っていました。
⑦買い手の最終製品の品質に影響を与えない
中間製品の場合、もし購入品が最終製品の品質に大きな影響を与えないのであれば、買い手は価格を引き下げるように強い圧力をかけてきます。逆に、購入品が基幹部品であったり、購入品の品質問題が最終製品に大きな影響を与えるようであれば、買い手からの価格圧力は弱くなります。
⑧買い手が十分な情報を持っている
買い手が市場で入手可能な品についての品質や価格、場合によってはサプライヤーのコストについて完全な情報を持っているのであれば、買い手は強い交渉力を持ちます。トヨタはサプ

ライヤーのコスト情報を持つことで、価格交渉力を維持していることが有名です。トヨタのように設計段階からサプライヤーを巻き込むと、スイッチングコストが生まれるために価格交渉力を失いがちですが、トヨタの場合は情報の優位を保つことでこの問題を回避しています。

⑸　売り手の交渉力

サプライヤーも自社にとって利益の取り合いをする相手になります。サプライヤーが交渉力を持つ条件は、買い手が交渉力を持つ条件の裏返しになります。買い手の交渉力の項目と比較すればほとんど内容は理解できると思いますので、ここでは項目だけ挙げておきます。

・売り手が集中している
・代替品がない
・自社業界との取引高の占める割合が低い
・サプライヤーの製品が自社にとって重要である
・サプライヤーの製品が差別化されていたり、スイッチングコストがある
・サプライヤーが川下統合の脅しをかけられる

5　業界構造分析の例

五つの競争要因を実際の業界に当てはめてみましょう。ここでは医療用医薬品と大衆薬、そして医薬品向けのカプセル製造会社という関連する三つの業界を見てみましょう。業界になじみがない読者もあるでしょうから、まずは医療用医薬品と大衆薬という二つの業界の概観からはじめましょう。この業界は近年変化も生じつつありますが、ここでは二〇〇〇年初頭の状況を想定して話を進めます。

医療用医薬品は医師に処方箋をもらって購入する薬や病院内で使われる薬を指します。医療用医薬品は効果も強いが副作用のおそれもあるとされ、医師の指示の下で服用するように規制がかかっています。その代わりに健康保険で薬の費用の一部が負担されています。

一方で、大衆薬は一般的には症状の軽い病気を対象としています。処方箋なしで店頭で購入することができますが、健康保険は適用されません。

医療用医薬品の業界について一般の消費者にはなじみがないため、製薬メーカーというと大衆薬を思い浮かべることが多いようですが、実際には市場規模は圧倒的に医療用医薬品のほうが大きいのです。それだけでなく、収益性の面でも医療用医薬品と大衆薬では大きな差があります。医療用医薬品の上位企業の売上高営業利益率が約二八％に対して、大衆薬上位企業は約一四％にとどまります。どうしてこのような収益性の差が生じるのか考えてみましょう。

(1) 買い手の交渉力の差

図2―3と図2―4にこの二つの業界の競争要因の状況をまとめてみました。価格交渉力がどうなっているか、見てみましょう。まず、売り手の交渉力には二つの業界で大きな差はありません。原材料について特に強い交渉力をもった供給事業者は存在しません。業界の競争の構造を考える際にはほとんど無視してもよい要因と言えるでしょう。

買い手の交渉力はどうでしょうか。まず、医療用医薬品については価格が規制されているため、価格競争が起こりにくい構造になっています。

直接的な価格の規制に加えて、処方決定者と費用の負担者が異なることも、価格に対する感度を低くしています。まず、政府が健康保険を通じて薬の費用の大きな部分を負担しています。また、どの薬を処方するかは医師が決めていますが、薬の費用を負担するのは患者です。患者も医師を代えたり、医師に要望を伝えて間接的に処方の内容に影響を与えていますが、あくま

図2－3　医療用医薬品業界

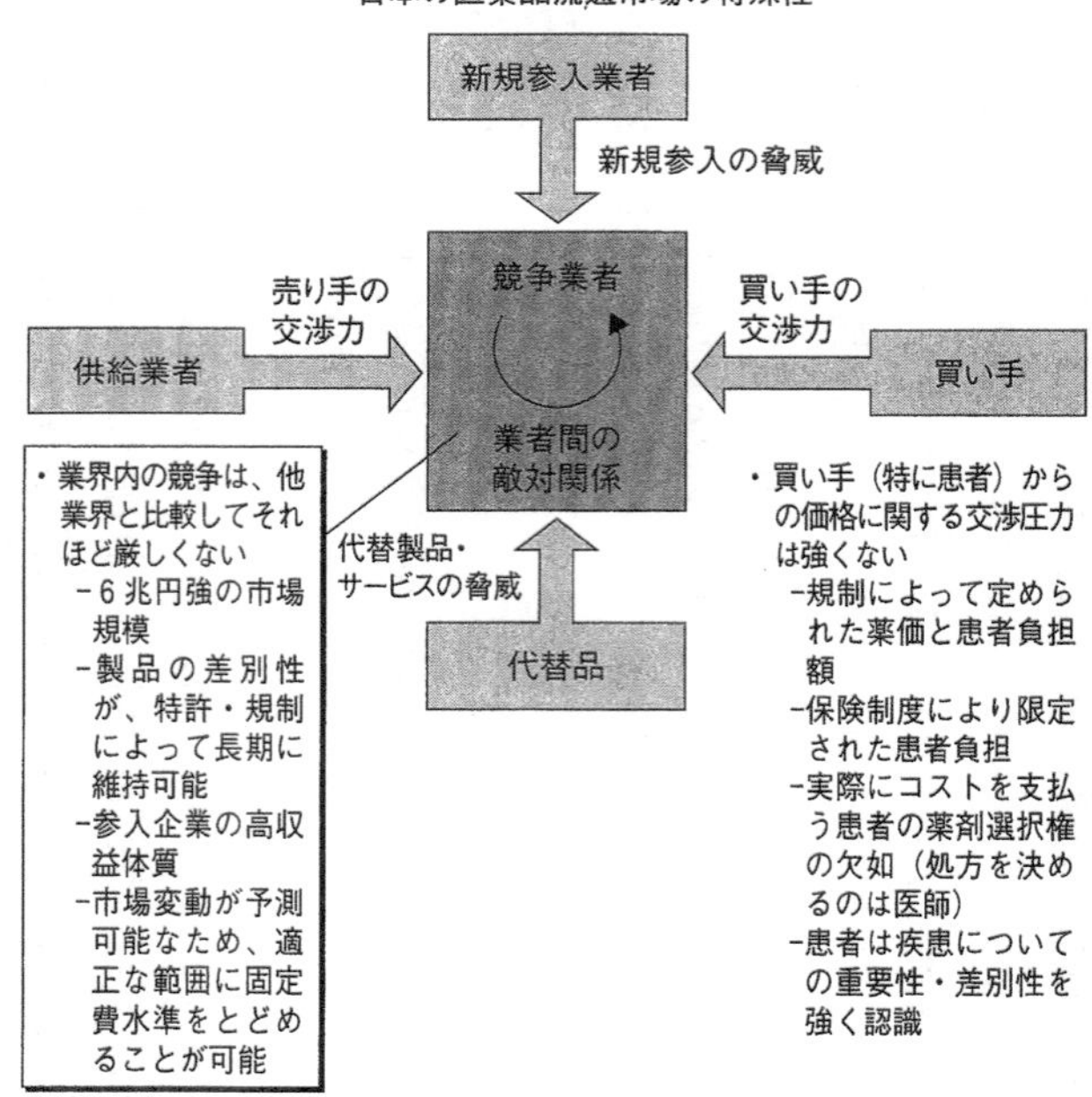

で間接的な影響です。

製品の差別化の可能性はどうでしょうか。医療用医薬品は薬の効果や安全性について研究者によってさまざまな比較が行われ、その結果がデータとして公表されます。医師は自らが処方する薬を選択する際には効能を評価して薬を選択するのが基本です。これに対して、大衆薬では消費者が直接薬を選ぶために、効果のデータで薬を選ぶこ

図2－4　国内一般用医薬品／大衆薬業界

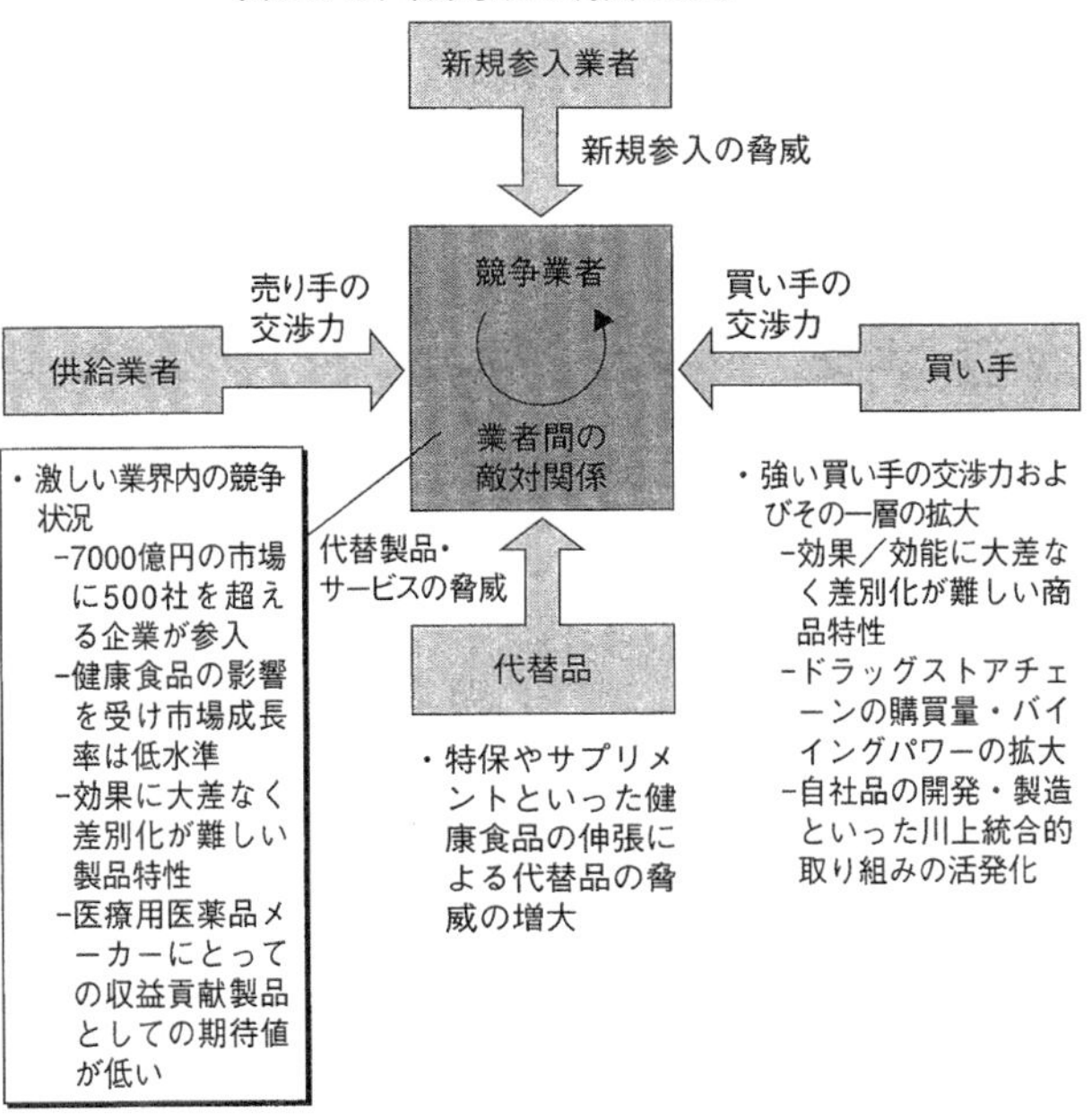

とはまずありません。また、大衆薬で使われている薬の有効成分は似通っており、薬の効果の差は限られています。法規制で効果の訴求の仕方も制限されています。したがって、医療用医薬品に比較すると、薬の効果で差別化することが大衆薬では困難です。

さらに、医療用医薬品はわざわざ医師の診断をあおいで薬を受け取るわけですから、患者は自らの症状をより重く受け止めているのが通常です。こういう状態で、医師に対して薬の価格をできるだけ低いものにして欲しいという要望はあまり強い形では出されないものです。

大衆薬の場合は比較的症状の軽い病気について自己負担で薬を購入します。患者にとって、何もしない、玉子酒でも飲んで寝るといった選択肢が、医療用医薬品よりも強く意識されるため、価格感度が高くなりがちです。

大衆薬の場合はドラッグストアを中心とした販売チャネルも買い手として考える必要があります。医療用医薬品では、重要な買い手である医師の価格感度が低いのに対して、ドラッグストアはさまざまなリベートや値引きを交渉してきます。マツモトキヨシやカワチ薬品、ハックキミサワといった大きなドラッグストアチェーンが、価格交渉力を強めています。

以上で見てきたように、買い手の交渉力は大衆薬のほうが強い構造が存在しています。

(2) 事業者間の敵対関係の差

事業者間の敵対関係はどうでしょうか。

医療用医薬品も大衆薬も固定費が高い事業ですが、その中身は大きく異なっています。医療用医薬品は研究開発費や医師を個別に訪問して宣伝活動を行う営業の人件費の負担が多くなっています。しかし、医師の処方は流行に左右されるようなものではないので、比較的その売上動向は予測できます。したがって、営業の規模を市場のポテンシャルに合わせて適正な規模にとどめることが可能になります。

これに対して、先ほども触れたように、大衆薬においては薬の効果・効能での差別化が難しいため、メーカーとしては消費者向けのイメージ構築に力を入れる必要があります。結果として、大衆薬では、固定費の中でも、テレビ広告や街頭、通勤電車内での広告などの広告費や、小売店の店頭での販売員の推奨を得るための販促費用が大きくなっています。こうした活動を行っても、消費者のブランドの切り替えは医師の切り替えよりも起こりやすいため、固定費を抱えるリスクも大きく、事業者間の敵対関係は激しくなりがちです。

医療用医薬品業界は参入障壁が高いことも大きな特徴です。新薬の開発、特に、薬の効き目や安全性を試験するコストが極めて大きくなります。新しい薬は特許で一定期間保護されるため、同じ成分のジェネリック薬（特許切れ製品と同じ成分の薬）で市場に参入することができません。

結果として、競合の数で、二つの業界には大きな違いがあります。医療用医薬品も大衆薬も総参入企業は約五〇〇社程度であり、一見、医療用医薬品も多数の競合企業があるように見えます。しかし、薬のカテゴリーごとに見ると実際には競合の数が限られています。これに対して、大衆薬では市場の大きな風邪薬や鎮痛剤、目薬といったカテゴリーでは競合の数が三〇〜六〇社にのぼっています。価格競争やサービス競争につながるような実質的な競合の混み合い度合いという点では、大衆薬のほうが大きいのです。ここでも医療用医薬品の業界構造のほうが魅力的です。

ここまで見てきた要因のほとんどが、大衆薬の業界に比べて医療用医薬品業界のほうが魅力的なことを示しています。大衆薬事業の経営者はこの構造を念頭において戦略を考える必要があります。たとえば、明確な差別化に基づいたブランド構築が可能な顧客セグメントや製品群にフォーカスしていくこともありえます。現在の製品単位のブランド構築を会社ブランドによって効率化する。現在応えられていない患者ニーズ、たとえば、日常生活の改善をサポートするサービスと連動した形で患者を取り込んだり、製品の優位性や特異性で差別化を狙う。等々の打ち手によって、買い手の価格感度を下げることを考えることが戦略的な狙いになります。別の考え方としては、売り方のイノベーションを実現することで、現在の販売チャネルとの価格交渉力のバランスを変えることが大きな可能性としてあります。

医療用医薬品については、業界の魅力度の多くの部分が保険や薬価といった規制にかかっていることは重要なポイントになります。健康保険を通じて薬の支払いを負担している、広い意味での薬の買い手である政府は、保険財政が悪化するにつれて価格低下への圧力を強めてきています。ジェネリック薬の採用を促進するような政策を導入するとともに、薬価引き下げを促進するような施策を強化しています。医療用医薬品の会社にとっては業界全体としての良い競合環境につながるような規制環境を維持することは戦略上大きな優先事項になります。

(3)　良い買い手と少ない競合事業者

それでは薬のカプセル製造という業界はどうでしょうか。多くの人にとってなじみのない業界だと思います。二〇〇五年一〇月に米系企業買収ファンドのカーライルがシオノギの子会社のシオノギクオリカプスを買収したのをきっかけに、この業界を意識した方もいるかもしれません。カーライルがどこを評価してこの会社を買収したのか探ってみましょう（図2―5）。

薬のカプセルはゼラチンでできており、ハイテクとはとても言いがたい素材であり、製品ではない業界です。言葉は悪いかもしれませんが、製薬会社に対する下請け的な立場に甘んじてもおかしくない業界です。この業界は全体で推計三〇〇億円前後の売上で、業界の成長率も高くはありません。しかし、シオノギクオリカプスの売上高税引き後純利益率は一三％（二〇〇五年一二月期）

図2-5　医療用カプセル業界

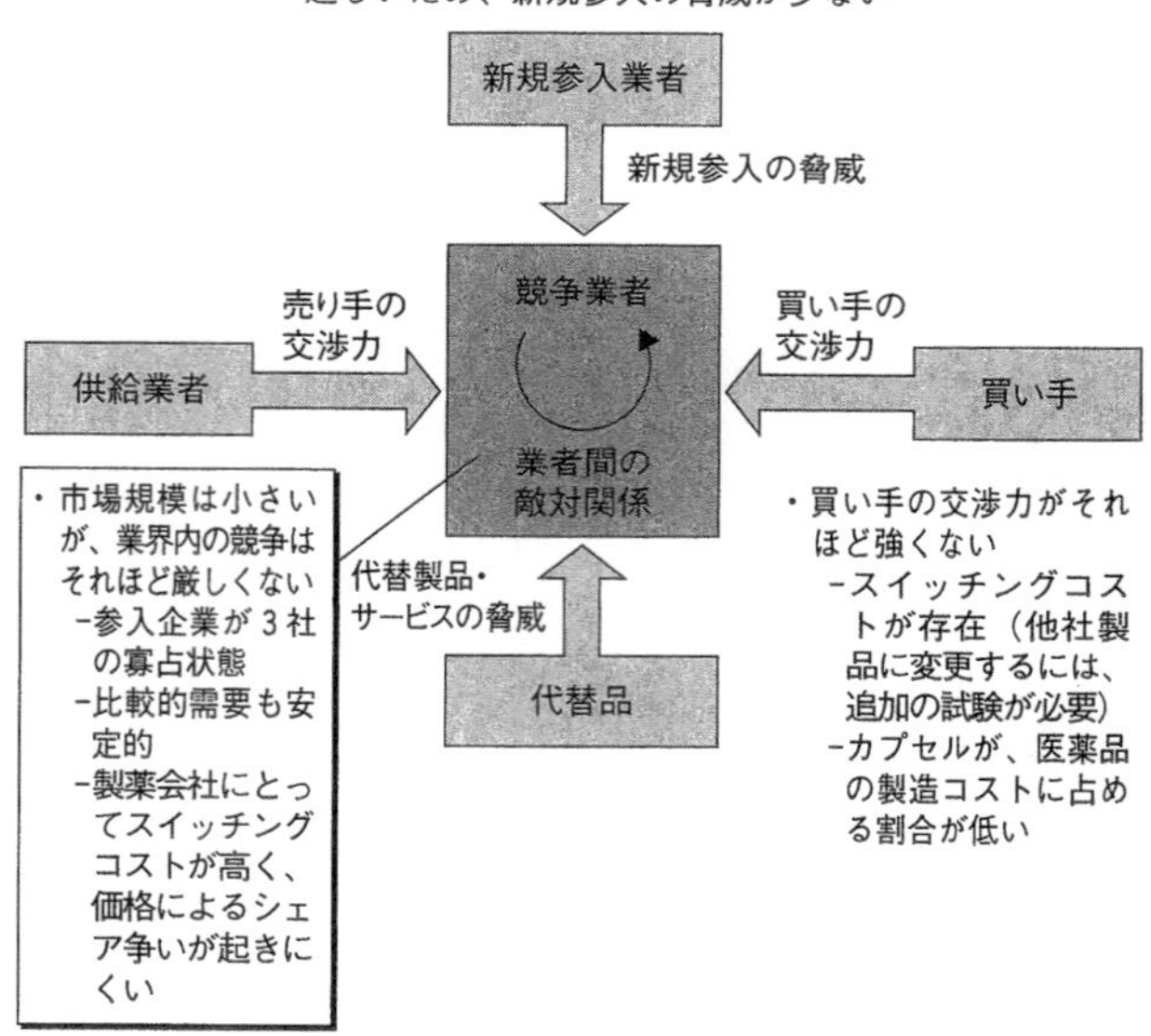

であり、大衆薬メーカーよりもずっと高いのです。

業界構造を見てみると、この業界が魅力的なことがよくわかります。カプセルの製造メーカーは世界中で三社に集約されています。それに対して、製薬会社は世界の上位五社をとっても三〇%のシェアしか占めていません。この業界が川下業界に対して強い価格交渉力が持てることは容易に想像できます。

先ほどまで見てきたように医療用医薬品メーカーは収益性が高いため、一般的にはそれほど強く価格交渉には臨んでこないでしょう。カプセルのコストが製造コストの中ではそれほど大きくないのに対して、カプセルで品質トラブルが起きれば薬そのものの問題につながります。これは製薬会社にとっては何としても避けたい事態です。これも製薬メーカーの価格交渉力を弱める要因です。

では、それほど儲かる市場であれば、なぜ新規参入が発生しないのでしょうか。それには市場が小さいことが一つのボトルネックになります。もう一つは、既存製品で使っているカプセルを切り替えようとすると、スイッチングコストが発生することです。医薬品を販売する際には厚生労働省の認可が必要です。海外でもそれぞれの国や地域の規制当局から承認を受ける必要があります。先ほど挙げた、品質問題のリスクを考えると、新規参入企業を採用することに二の足を踏む製薬会社が多いであろうことに加えて、スイッチングコストが存在することがこの市場の参入障壁を高いものにしています。

代替品、代替技術としては錠剤化もありますし、素材そのもののイノベーションもありますが、寡占化した業界とスイッチングコストに起因した有利な業界構造には変化はありません。低成長で、かつ、最先端の技術を駆使するような業界でなくても、業界構造が良ければ高い収益性が実現できるのです。

6　業界構造への対応

競争要因を理解したならば、それにどう対処するかを考える必要があります。すでに先ほどの業界構造分析の例でも一部の対処法を挙げていましたが、ここで一般的な形でまとめておきましょう。ポーターは三つの対処法を挙げています。一つ目は業界構造に適した戦略ポジションを確立すること、二つ目は競争要因のバランスを変えるような手を打つこと、三つ目は競争要因の変化をうまく活用することです。

(1)　業界構造に適した戦略ポジション

戦略ポジションについては次の章で「戦略とは何か」を読みながら詳細に検討しますが、ごく簡単に『競争の戦略』での考え方を見ておきましょう。ここでは、業界構造は変えられないものと捉えたうえで、自社の強みと弱みにあったポジションを業界の中で築くことを提唱しています。つまり、業界の中でも魅力的な買い手を見つけたり、比較的競合関係の少ない製品分野に注力したりすることが、戦略の重要な要素となります。

『競争戦略論』の第一章に収録された「競争要因が戦略を決める」ではドクター・ペッパーの事例を挙げて戦略ポジションの考え方を説明しています。少し古い事例ですが、わかりやすいものだと思います。ソフトドリンク市場の構造は、コカ・コーラやペプシ・コーラの歴史的な戦略や打ち手によって作られてきました。両社はブランド構築に責任を持ち、ソフトドリンクの原液をボトラーと呼ばれる各地の製造販売会社に供給します。多くの場合、ボトラーは原液供給メーカーから資本面で独立した会社です。この構造の下ではブランド認知、マーケティング投資、ボトリング企業ネットワークが規模の経済の源泉となっており、新規参入企業にとっては大きな参入障壁です。

ドクター・ペッパーはこの構造に直面して、自社に有利なポジションを注意深く選びました。コカ・コーラやペプシ・コーラと同じ土俵で規模を目指す競争をしても勝てないので、ボトリング企業ネットワークやマーケティング投資の量で競争することを避けました。その代わり、比較的規模の経済の小さい原液供給で勝負をすることに絞り込みました。原液を大手の競合のボトラーに供給することで、大手の規模の経済を迂回することに成功しました。ブランド構築についても、特色のあるフレーバーを強調することで他社との差別化を図りました。結果として、比較的少ないマーケティング投資で高いブランド認知と差別化を達成しました。さらに、ドクター・ペッパーの原液の成分は大手の競合に比べて安いという強みがあるため、チャネル面とブランド構築面でのハンディを埋められれば、十分な利益率を確保できるのです。ドクター・ペッパーのケースは、業界構造の中で自社が勝負できるところを選んだ良い例です。Ⅲ章ではより詳細に戦略ポジションの選択や構築について見ていきましょう。

(2) 競争要因の変化を活用する

ポーターが三つ目に挙げた競争要因の変化を活用するという方法も大事な視点です。ポーターは、業界が通常のライフサイクルをたどることによって起こる変化と、競争要因の変化を区別することの重要性を指摘しています。成熟化するにつれて業界の成長率が下がったり、企業が垂直統合を行うことは、ライフサイクル上の変化として多くの業界で観察されています。こうした変化は競争要因に影響を与える場合も与えない場合もあります。たとえば、業界の成長率の変化は薬のカプセルのような業界には大きな影響は与えないでしょう。しかし、業界の成熟化と共に製品の差別化が困難になるといったトレンドは、買い手の価格交渉力や参入障壁に大きな影響を与える可能性が高く、注意を払う必要があります。

そのうえで、特に重要な競争要因に影響を及ぼすトレンドに注意を払うことの重要性を指摘しています。医療用医薬品であれば、薬の価格（薬価）についての国の規制や競合の参入を左右する薬の認可のプロセスのトレンドには注意すべきです。大衆薬では、販売チャネルやブランド化の動向など買い手の交渉力に影響力を及ぼすトレンドに注意を払っておくべきです。

(3)　競争要因のバランスを動かす

競争要因のバランスに影響を及ぼすというのは、最も困難な、しかし成功した場合のうまみも大きな対処法です。どうすれば業界の競争要因の構造を変えられるのでしょうか。

業界構造を変える主な要因として、各業界の集中度を中心とした価格交渉力の強さ、投資とコスト構造による稼働維持への圧力、スイッチングコストも含めた差別化の度合いの三つがあることを指摘しました。このそれぞれについて変化を起こす可能性を考える必要があります。

①業界の集中度

業界の集中度を変える直接的な手段は企業買収と統合によって自社業界の集約化を進めることです。鉄鋼業において、経営統合による業界の集約が進んだのはこの良い例です。さらに言うと、ここでは日産自動車のゴーン改革をきっかけとして強まった大口需要家である自動車業界からの価格引下げの圧力に対応するために業界の集約が始まっています。ユーザーの価格圧力とサプライヤーの業界構造の相互関係を表す好例と言えるでしょう。

②投資とコスト構造

必要な投資額やコスト構造を抜本的に変えることで、稼働維持圧力を減らすのも重要な対処法です。その際、業界の競争構造を決めてしまうような重要な要因に焦点をあてる必要があります。特に、設備投資を軽くすることで固定費を軽くして、価格競争に巻き込まれない、あるいは、価格競争を仕掛けなくてすむような戦略は多くの業界で重要な考え方です。

鉄鋼業において、高炉を中心とした銑鋼一貫製鉄のプロセスが大きな投資額を要するのに対して、電気炉を中心としたプロセスをとるアメリカの電炉メーカーのヌーコアのように異なる経済構造を構築した例もあります。あるいは、半導体産業の中でも生産工程を持たずに設計に特化したファブレスの会社も生産まで一貫したオペレーションを行っている企業とは異なる経済構造を作り出しています。さまざまな技術分野で分散、小型化の技術革新が進んでおり、また、さまざまな市場でアウトソーシング会社が生まれている中で、今後設備投資を軽くしたオペレーションを考えることはますます重要になってくるでしょう。

③差別化の度合い

ある業界でどれくらい差別化が達成できているかは、先にも指摘したように製品そのものの性格と同じくらい各企業の努力にかかっています。産地による生鮮食品のブランド化の例でもわかるように、ブランド構築、差別化の実現は幅広い製品で追求する余地のある考え方です。自社の直接的な利益につながるだけでなく、業界構造の改善にまでつなげることも可能です。特に、製品そのもののイノベーションにまで踏み込めば、大きな変化につながります。

航空会社が自社便の利用距離に応じて利用客に特典を与えるロイヤルティプログラムも顧客にスイッチングコストを作り出す方法の一つです。ある地点と地点を結ぶ航空便について、スケジュール以外の要素で差別化を図るのは極めて困難です。逆に言うと、顧客にとってロイヤルティプログラムのようなわかりやすいメリットがあることのインパクトはきわめて大きいのです。現在のように提携ポイントが一般化してしまうと、複数のカードを持っていても簡単に特典がたまるために、顧客の囲い込みの効果は薄れてしまいましたが、ロイヤルティプログラムの導入初期においては業界全体の構造を改善する効果がありました。

(4) プレーヤー間の相互依存関係を活かす

業界構造を変えるために、どうやってプレーヤー間の関係を変えるかを考えるうえで、ネイルバフとブランデンバーガーの『コーペティション経営』(日本経済新聞社、原題 *Co-opetition*)

が参考になります。同書は『競争の戦略』に言及していませんが、この二つの著作の基本的な考え方の枠組みには互換性があります。ネイルバフとブランデンバーガーは、ポーターの考え方を発展させ、ゲーム理論に基づいた業界構造変革のアプローチを包括的に探っています。詳しくはこの本に譲りますが、一点だけ彼らの指摘でポーターの考えからの重要な発展を挙げておきましょう。

図2−6は彼らが価値相関図と呼んで、競争戦略を考えるうえで基本的な枠組みとして示しているものです。ここからポーターが五つの競争要因として挙げているものとの重なりを見て取るのは簡単です。顧客と供給者、自社と競争相手というプレーヤー（経済主体）を挙げています。これは自社を取り巻く競争環境に影響を与える経済主体を挙げているのですから当然のことです。

ここで注目すべきは、ネイルバフとブランデンバーガーは代替品の代わりに補完的生産者を挙げていることです。自社の生産する製品の価値を上げるような製品を作っている事業者が補完的生産者です。たとえば、ゲーム会社にとってゲームソフトを作っている会社は補完的生産者です。ネイルバフとブランデンバーガーが補完的生産者を明示的に挙げている背景には、自社を取り巻く経済主体はお互いに競争しながら、同時に協力しているという認識があります。

図2－6　価値相関図（Value Net）

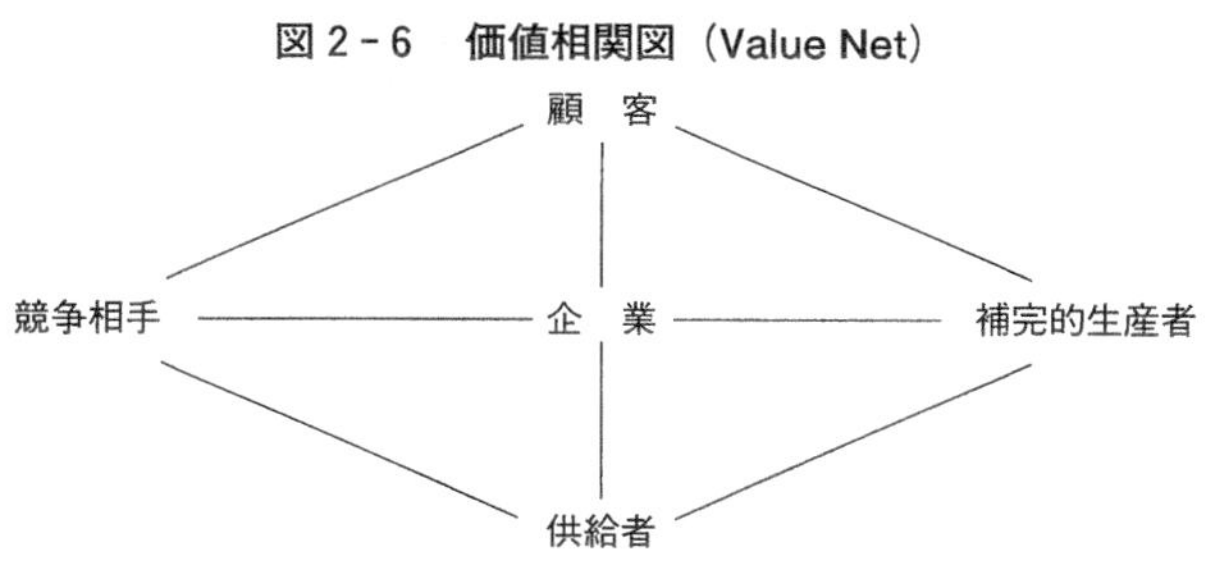

（出所）バリー・J・ネイルバフ／アダム・M・ブランデンバーガー著、嶋津祐一ほか訳『コーペティション経営』日本経済新聞社

この指摘は、五つの競争要因のバランスを変えるうえで重要な視点を提供してくれます。企業が業界構造を変える戦略を立てる際には、一方でパイの分配を変えるために何ができるかという視点と共に、パイ全体を大きくするために何をすべきかという視点を持つ必要があります。補完的生産者を育成するために業界全体で協力するといった動きはその典型です。ゲーム会社がゲームソフト会社をどう育てるか、携帯電話会社が携帯向けコンテンツ会社をどう育てるか、などの例がすぐに思い浮かぶでしょう。

もっと大きな視点に立って、競合企業をも補完的生産者に変えてしまうことができれば、業界構造は大きく変わります。IT業界において、競合企業同士が規格の策定や新しいアプリケーションやソリューションの普及において共同戦線を張っている場合は、競合企業のグループ全体を補完的生産者と呼ぶことができるでしょう。

ネイルバフとブランデンバーガーは、企業が競争すると同時に協力しているという状態を表すために、競争＝コンペティションという言葉と協力＝コーポレーションという二つの言葉を組み合わせて、「コーペティション」という言葉を作り出しました。言葉そのものは別に新しい言葉を使う必要はないのですが、どうやって健全な市場の発展をもたらすために、健全な協力（談合をするといった意味ではなく）を実現するかというのは大事な視点になります。この問題に対するポーターの一つの回答はクラスターです。企業が互いに競争しながらイノベーションを実現する場としての地域のクラスターを健全な形で発展させることを、ポーターは提唱しています。この問題についてはⅣ章で取り上げましょう。

［III］

戦略ポジションを巡る争い

1　競争優位の源泉

(1) 戦略ポジションとは何か

マイケル・ポーターは戦略ポジションこそが競争優位の源泉であると論じています。ところが、多くの経営者はオペレーション効率の改善に気を取られ、独自な戦略ポジションの構築に十分には取り組めていないのが現状です。オペレーション効率を改善するためには何をどうすれば良いのかがわかりやすいのに対して、戦略ポジションについてはそれが何かすらよくわからないことがそもそもの問題の根底にあります。わかったようでわかりにくい、戦略ポジションとは何かを理解するために、ポーターの「戦略とは何か」の記述をたどってみましょう。

まず、単純化して考えてみましょう。会社が売上を伸ばして、かつ、利益を上げようとしたときに、どのような方針を考えるべきでしょうか。

他社よりもとにかく安く作ることを目指すのが一つの方向です。これは低コストポジションを目指していることになります。低コストポジションを実現するためには、生産効率を上げる、部品コストや原材料費を下げる、販売コストを下げる、間接部門の効率を上げる、といったことが必要です。企業は低コストの優位を同じ価格で売ってより利幅をとることにまわしても良いでしょうし、他社よりも安い価格で提供してたくさん売ることも可能です。

他社よりも良いものを作って、顧客にとっての価値を作り出すのが、もう一つの方向です。これは差別化ポジションです。差別化の源泉は、製品そのものが優れている場合もあるでしょうし、付加的なサービスが優れている場合もあります。差別化によって作り出された価値は、高い値付けに反映される場合もあるでしょうし、より良いものを同じ価格で提供する場合もあるでしょう。

ポーターは、低コストポジションと差別化ポジションが企業の戦略の基本的な二つの方向だと指摘しています。この二つの基本的な戦略の方向の関係を、ポーターは図3－1のように示しています。これは、各企業のコストを横軸に示し、顧客に対してどれだけの価値を提供しているかを縦軸に示した図です。企業がどのような価値とコストを達成しているかをこの図の上に表示します。ポーターが強調しているのは、ある時点での技術制約の下でこれ以上コストと価値の両方を改善できない限界があるということです。その限界が図では生産性フロンティアとして示されています。現在の技術では生産性フロンティアとして示されている線の外側にあるようなコストと価値の組み合わせを実現することはできません。

図3－1　オペレーション効率VS.戦略的ポジショニング

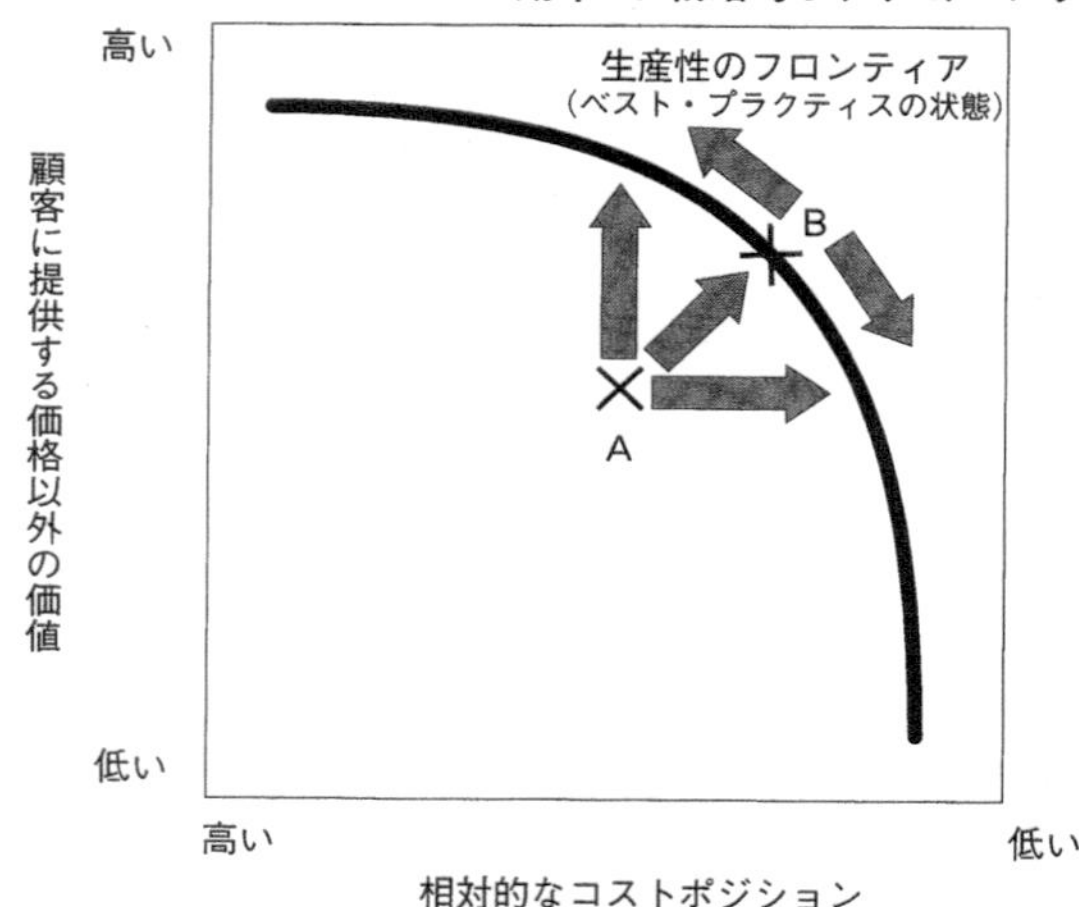

（出所）　マイケル・E・ポーター著、中辻萬治訳「戦略の本質」『DIAMONDハーバード・ビジネス・レビュー』1997年3月号、ダイヤモンド社より加筆修正。

もし、ある企業が現在提供している製品、あるいは、それを支えているオペレーションが点Aにあったとします。その場合は、この会社は矢印で示された三つの方向のうちどちらへ改善することも可能です。つまり、コストと差別化がもたらす価値の両方を改善することができます。点Aから生産性のフロンティアに近づいていくことがオペレーション効率の改善です。オペレーション効率を改善することのメリットは明らかです。コストを下げながら価値を上げることができます。

ところが、この会社が点Bに到達すると、矢印の二つの方向のどちらかへしか改善できません。現在の技術やオペレーションのやり方では、コストと価値の両方を改善することはできない地点に到達してしまったのです。ここに至ると、コストと価値のトレードオフ（二者択一）が明確になります。

非効率を抱えた状況ではコストと価値の両方を改善することが可能なように見えます。日本企業が自動車や電機産業において一九八〇年代に快進撃を続けた状況がその典型です。この時代には欧米企業が生産面で非効率を抱えていたのに対して、日本企業は優位に立っていました。自動車業界では信頼性をテコとした差別化とコスト優位の両方が同時に達成できているように見えました。家電製品では多彩な機能を盛り込んだ信頼性の高い製品による差別化とコスト優位が両立しているかのように見えました。

しかし、トレードオフなしに複数の要素の改善を実現できるというのは実際には幻想であったことを、その後の経緯が物語っています。自動車業界においては、欧米各社が日本の自動車会社のオペレーションから学んだ結果、信頼性とコスト両面で各社間の格差は大幅に狭まっています。本当の意味での差別化を実現するためには、デザイン面、エンジニア面、あるいは、先端技術面での投資が必要になっています。家電業界でも機能と機種の氾濫がコスト増に結び付く中で、品質も機能もタダではないことを各社が学んできました。

(2) さまざまなトレードオフの存在

ここまでは単純化して、コスト対価値という軸でトレードオフを見ましたが、実際には企業の戦略ポジションを決める際には、さまざまな要素でのトレードオフが存在しています。

①顧客選択でのトレードオフ

ある顧客セグメントをターゲットにして最適化を図ると、他のセグメントに対してはマイナスの影響が及びます。低価格セグメント向けの製品やサービスを開発すれば、高価格セグメントに資源を張り付けることはできません。子育て中のファミリー層向けの製品やサービスは、若年層や高年齢層にとっては魅力的なものとはなりません。

②顧客に提供する価値の選択でのトレードオフ

多くの企業にとって、提供価値は製品やサービスの形で表されます。製品そのものの価値としては低価格と差別化が典型ですが、そのほかにもさまざまな選択の方向がありえます。それぞれの方向についてトレードオフが発生します。自動車の例で言うと、信頼性と新しい技術の導入にはトレードオフがあるでしょう。燃費とスピードやスムーズな走り、乗り心地とスポーティーな足回りなど、自動車のエンジニアリング的な設計上、直接的なトレードオフの発生するような項目があります。もっと広くは、どこまでのコストを自動車そのもののエンジニアリングの向上にかけて、どこまでのコストをブランド構築や販売店のサービス向上といったソフトな部分にかけるか、といったトレードオフもあります。

個別の製品がもたらす価値のほかに、どの製品を提供するかについてもトレードオフが存在します。ある製品を提供すれば、その製品にかけたリソースを他の製品にかけることはできません。製品ライン全体を狭くするか、広くするかでも、大きなトレードオフが発生します。

③活動の設計についてのトレードオフ

ハイテク製品の営業を考えてみましょう。ある会社が顧客訪問の頻度や活動量で勝負することを目指したとしましょう。この場合、顧客担当もできるだけ効率よく顧客をカバーする方法を目指すことになります。物理的にも営業拠点を顧客に近いところにおくべきです。営業活動管理も活動量が中心でしょうし、営業の資料も使いやすくわかりやすい基本的な内容を標準化して提供するでしょう。

一方で、もしこの会社が営業活動の質で勝負することを目指したら、活動はどう変わるでしょうか。効率が落ちても、営業を顧客グループ別に専門化することを考えるかもしれません。営業管理でも活動の量とあわせて、顧客との関係の質を評価することを目指すでしょう。営業に対するトレーニングも強化する必要がありますし、リクルーティングの段階でも人材の質の向上を考える必要があります。出来上がりの活動の内容は、二つの方向で大きく変わってきます。

この二つの活動の仕組みを混在させることは困難です。活動の質の向上を目指しているときに、活動量を強調してできるだけ顧客のところでの活動を増やすように指示すれば、十分なトレーニングや訪問の準備に時間をかけることができなくなってしまいます。もちろんどちらの方向をとったにせよ、他の要素を完全に無視することはできません。営業の質で勝負する場合でも、一定の活動量を確保する必要があります。反対方向を目指す場合でも同様です。営業の質と量のバランスにおいて、生産性フロンティアまでは到達する必要があります。しかし、他社に対して特色のあるポジションを達成しようとすれば、特色のある活動を実現する必要があり、明確に選択しなければなりません。

(3) 明確な選択

戦略ポジションはこれらのトレードオフに対して明確な選択をすることで生み出されます。気をつける必要があるのは、トレードオフについて誰もが認める最適なバランスというものは存在しないということです。明らかにある選択が望ましいのであれば、全ての会社がその選択をして、後はオペレーション効率の競争をすることになります。そうではなく、他社と異なる独自の選択を行うこと、また、独自性の発揮できる軸を選んで選択を行うことが、戦略ポジションの出発点になります。

競合他社がポジショニングを模倣する際には、トレードオフの存在が大きな障害になります。これまで明確な選択をしていない会社は、多くの場合、主体的に明確な選択をすることに問題を抱えています。明らかに有利な選択肢がない限り、トレードオフに対して意思決定を下すことができないものです。たとえ、先行する会社を模倣するという形であったにせよ、リスクがある限りは選択を行うことを避け、両方の目的を達成しようとするのがこうした会社の習性です。明確な意思決定を行うことの難しさが、模倣を行う際の障壁になります。

競合会社がある軸についてすでに明確な選択をしている場合は、現在の活動の内容を変える必要があります。あるいは、現在の選択と二股をかけるのであれば、それに伴う非効率や追加的な費用を覚悟する必要があります。最高品質の製品を作るために必要なオペレーションを、低コストの製品を作るオペレーションと共存させるのは極めて困難です。往々にして中途半端な結果になってしまいがちです。

オペレーションが中途半端になることは大きな問題を引き起こします。三つのレベルの選択の中で最終的に顧客が受け取る価値を決定するのは、活動の設計です。もし活動の設計が中途半端で、狙った通りの価値が出せないのであれば、これは戦略ではなく単なるスローガンになってしまいます。

品質志向の顧客をターゲットとして選択したとしましょう。この会社が「我々は品質志向の顧客に最高の品を届けます」とか、「違いのわかるお客様に」とか宣伝することは顧客に対して差を作り出しません。本当の違いは、この会社の設計チームがどのような思想に基づいてどのような技術を用いて製品を設計しているか、どのような製造ラインを持ってどうやって製造しているか、製品の中身をどのように伝えているか、あるいは、外部パートナーとどのように協力しているか、といった活動の中身にあるのです。

(4) 活動システムこそが戦略ポジション

この会社が自らの戦略ポジションについて明確な選択をしているのであれば、特色のある活動を行っているはずです。こうした特色のある活動の全体を、ポーターは活動システムと呼んでいます。活動システムが具体的に何を指していて、戦略ポジションをどのように作り出しているのか、ポーターが挙げているサウスウエスト航空の例を見てみましょう。

ケースⅠ　サウスウエスト航空の戦略ポジション

①低価格の直行便

サウスウエスト航空はアメリカの低価格航空会社として特色のある活動を行っており、高い利益率と売上成長を実現しています。まず、サウスウエスト航空は中規模都市を結ぶ近距離・低価格・目的地直行型のフライトを提供しています。空港についても、都市近郊の二番手空港（日本で言うと、関西国際空港ではなく伊丹空港というイメージです）をできるだけ利用しています。

サウスウエスト航空の直行便中心の路線設計は、他の大手航空会社とまったく異なっています。大手航空会社の路線網では、中心となるハブ空港に中規模都市からのフライトを集中させています。この様子が自転車の車輪の中心（ハブ）からスポークが出ているように見えるので、ハブ・アンド・スポークと呼ばれています。そのため、サウスウエスト航空が直行便を飛ばしている中規模都市間を大手航空会社で飛ぼうとすると、いったんハブ空港まで飛んでそこから乗り換える必要があるのです。

サウスウエスト航空が提供してくれる低価格での直行便サービスの利便性は、さまざまな制約にもかかわらず、あるセグメントには魅力的なものになります。学生や家族旅行の顧客、価格に敏感なビジネスパーソンなどがサウスウエスト航空の主要な顧客として挙げられます。

②低価格を支える活動

サウスウエスト航空のサービスは他の大手航空会社と比較して限られています。たとえば、座席の予約はできませんし、他の航空会社との接続便はありません。手荷物を他の航空会社へ転送することもしてくれません。機内食も限られています。その代わり、運行便数は多く、発着時間についての信頼性も高いのです。また、クルーは親しみやすくフレンドリーな応対をしてくれます。

サウスウエスト航空は、機体をボーイング737に標準化することで地上オペレーションを効率化しています。機内サービスや荷物の取り扱いを最小限にしており、発着作業時間は一五分です。結果として、機体の稼働時間を長くできますし、遅れの原因も少なくなります。旅行代理店を経由したチケット販売を最小化することで、代理店の手数料も抑えています。自動発券システムに早期に移行することで、さらに効率化を図っています。

③戦略ポジションを支える活動システム

ポーターは、サウスウエスト航空の戦略ポジションの特徴は顧客にサービスを提供するためのオペレーションや活動そのものにあると指摘しています。ポーターはこうした活動全体をシステムと捉え、活動システムと呼んでいます。これらの活動は、さまざまな要素がお互いに連関しています。顧客の選択、機体の標準化、チェックインの仕方、路線の設計、等々がお互いに支えあうことで、有効に機能します。こうした連関を図3－2のように表しています。

これに対して、顧客ターゲットについて中規模都市間を旅行する低価格志向の学生とビジネスパーソンを狙うとある会社が宣言してもサウスウエスト航空の戦略ポジションを模倣したことにはなりません。それを実現する活動全体を模倣しない限り、サウスウエスト航空の戦略ポジションは模倣できないのです。しかし、これは言うはやすく行うは難しです。いくつかの活動の要素をまねすることはできても、活動の全体をまねをすることは簡単ではありません。こうした観点から、ポーターは活動システムを戦略ポジションの根幹として重視しています。

(5)　活動システムのフィット（整合性）

ポーターは活動システムにおける整合性、フィットの重要性を強調しています。図3－2に示してあるサウスウエスト航空の例でも、活動のさまざまな要素について整合性がとれている

図3-2　サウスウエスト航空の活動システム

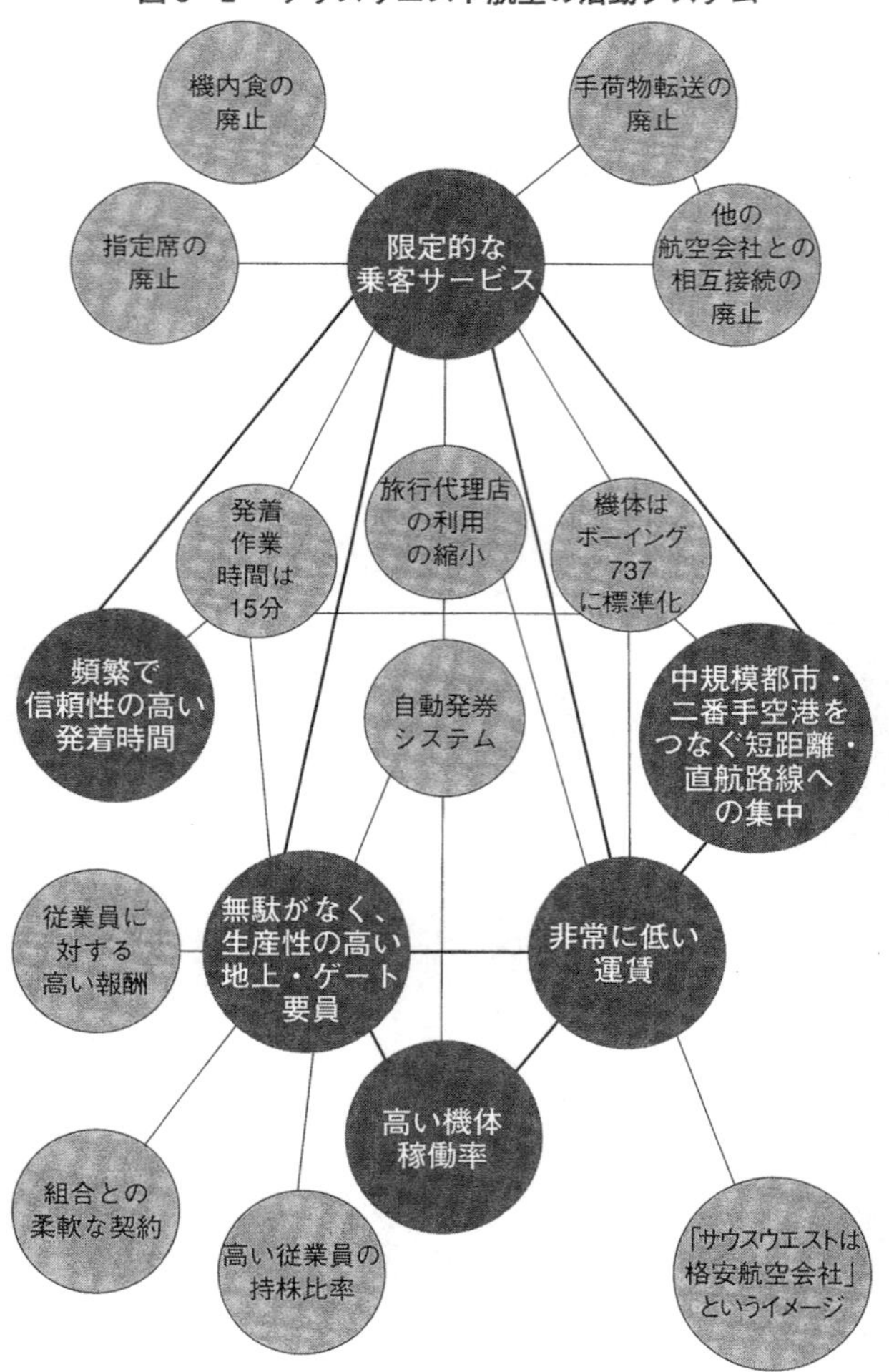

（出所）　マイケル・E・ポーター著、中辻萬治訳「戦略の本質」『DIAMONDハーバード・ビジネス・レビュー』1997年3月号、ダイヤモンド社

ことがわかります。

フィットの一つのレベルは個別の活動が戦略ポジションと整合性がとれていることです。サウスウエスト航空の例では、全ての活動が低コストポジションを支えています。顧客サービス向上のために機内食のサービスを始めたりとすると、戦略との整合性を失いかねません。現在の活動にはそうした整合性のとれていない活動は見当たりません。

次のレベルのフィットは、活動がお互いに強化しあっていることです。サウスウエスト航空はボーイング737に機体を統一することによって、地上作業を効率化しています（一五分間の発着作業時間）。これは、機体の稼働率を高めます。機内サービスを省略していることは、地上作業の削減にもつながります。

最後のレベルのフィットは活動間の最適化です。たとえば、サウスウエスト航空は従業員の給与を極端に低く抑えているわけではありません。従業員に直接支払われるコストが低くても、地上作業の効率が低くなってしまうのであれば、全体としてのコストは高くつきます。あるいは、十分に優秀な人材をひきつけることができなければ本当の意味では戦略ポジションが実現できません。

このように活動をまたがって最適化を図ることはさまざまな局面で可能です。ＩＴシステムの開発において、どのような機能や性能を持たせるかを定義する上流工程に十分な手間をかけることによって、下流工程での工数を削減することが可能かもしれません。別な例では、中間製品段階で在庫を持つことによって、需要の変動に対応しつつサプライチェーン全体での在庫を最小限にしつつ在庫切れを防ぐといったことも可能です。

(6) 難しい活動システムの模倣

ある会社が戦略を模倣しようとしたときにオペレーションが中途半端になるというのは、このフィットが実現できない状態を指します。大手航空会社が、サウスウエスト航空のポジションを模倣しようとしたときに、この問題を抱えました。ハブ・アンド・スポークの路線を支える多様な機体を運行するための地上作業に、ボーイング737の一群を管理する地上作業の部隊を加えても、低コストオペレーションは達成できません。乗務員やゲート作業員の動き方もサウスウエスト航空の特化されたオペレーションのほうがどうしても効率的になります。二つの種類のオペレーションを共存させながら、活動間の強化や最適化を実現することは極めて困難です。さらに、さまざまな活動を模倣することにとどまらず、活動間のフィットを実現するところまで行き着かない限り競争優位は築けません。

ここまで、なぜ差別化された戦略ポジションが簡単には模倣できないかを見てきました。一つの理由は、差別化された戦略ポジションがトレードオフを伴うからです。戦略とは、顧客や提供価値、あるいは、オペレーションについて、割り切ってウチはこれはやらないと決めてしまうことです。Aか、Bか、どちらの選択肢もありうるという項目について、こちらだと決めてしまう必要があります。この選択することの難しさが、戦略ポジションを模倣することが難しい大きな理由です。もう一つは、活動システムの全体を模倣し、かつ、活動システムのフィットを実現することが難しいことです。個々の活動のいくつかの真似をするだけでなく、その全体を束ねる仕組みや活動間の連携やバランスまで実現することは簡単なことではありません。

逆に言うと、模倣されない戦略の条件とは、トレードオフを伴う選択をきちんとしていることであり、独自の活動システムを構築していることです。このような、模倣が困難で、明確な戦略ポジションをとっている日本企業の例を見てみましょう。大同生命保険です。大同生命保険は、優れた競争戦略によって成果を上げている日本企業を表彰するポーター賞を、二〇〇四年度に受賞しています。

余談ながら、ポーター賞は一橋大学の国際企業戦略研究科によって運営されています。デミング賞が日本に品質管理を定着させたように、優れた競争戦略を策定し、実行している会社を、戦略論の第一人者であるポーターから表彰していくことで、日本企業に競争戦略を定着させていこうという狙いがあります。ポーター賞の受賞企業については、詳細なケーススタディが行われており、ここでの記述もこれを参考にしています。

ケースⅡ　大同生命の戦略ポジション

①業界構造から見た大手生保の苦境

大手の生命保険会社は明確な戦略ポジションの構築に苦しんでいると言って良いでしょう。個人の死亡保障が市場全体の六割超を占めており、ほとんどの大手生命保険会社はここを主戦場としています。参入している会社の数も多く、市場が成熟化する中で販売競争は激しくなっています。（競合企業の敵対関係が激しい）死亡保障は商品内容で大きな差がなく、差別化しにくい商品です。買い手の交渉力が大きいため、大手生命保険会社の伝統的な販売モデルは、女性営業職員が差別化しにくい商品を人間関係で販売していくというものでした。この場合、保険会社にとっての売り手である営業職員が保険会社に対して強い交渉力をもてます。もちろん営業成績が上げられない場合は別ですが、販売力のある営業職員は大きな歩合給を得られます。（売り手の交渉力が大きい）保険会社にとっては、業界内の競合、買い手の交渉力、売り手の交渉力の面で競争要因は厳しいものとなります。

②大同生命の選択

大同生命は大手の生命保険会社とは明確に異なる選択をしています。顧客、価値提案、活動システムの三つのレベルの選択を順に見ていきましょう。

［A］顧客の選択　まず、顧客については中小企業を明確なターゲットにしています。大同生命の顧客企業は約三八万社であり、日本に存在する全企業の二〇％強と取引があることになります。一方で、大手生保との直接的な競合を避けて、個人市場や大企業の職域での販売を行っていません。

［B］提供価値の選択　提供価値についても、中小企業にとって大きなリスクである経営者の在任期間中の死亡への保障に焦点を絞り、個人定期保険を主力としています。個人定期保険は、被保険者を経営者として、保険契約者と保険金受取人を法人とします。経営を担える人材層の薄い中小企業にとっては、経営者の死亡リスクに対してこうした保険で対応するメリットはわかりやすいものです。加えて、保険料を損金として参入できるという税制上のメリットもあり

ます。大同生命保険は、平成一六年度末で個人定期保険で約二三%の市場シェアを押さえています。

ターゲットとする中小企業のニーズに応えるための商品群の拡充には積極的に取り組んでいます。たとえば、十分な保障を実現しながら、保険料を低く抑えるため、掛け捨て型で解約返戻金をなくした商品を用意しています。その他にも、最長一〇〇歳までの長期保障と解約返戻金を組み合わせることで、死亡時のリスクと退職金に対応したり、死亡保障が将来逓増することで個人の将来の昇進や企業の成長に対応しています。逆に、企業が借入金を減らしていく状況を想定して、保障額が減っていく、逓減定期も用意しています。

中小企業、および、その経営者向けの付加サービスを積極的に拡充することで、差別化をさらに進めています。たとえば、T&Dオフクラブによって、従業員向けの福利厚生が整っていない企業が利用できるような、宿泊施設、レジャー施設の優待割引サービスを提供しています。また、健康支援サービスや、従業員規則の無料診断や社内規定雛形の提供サービスなどの経営支援サービスもあります。こうした付加サービスは多くの保険会社が提供していますが、中小企業という明確なターゲットを設定することで顧客に意味のあるサービスを用意しようとしています。

［C］活動システムの選択　顧客と提供価値のレベルでの選択は、活動レベルでの選択で支えられています。大同生命の販売チャネルは特色のあるもので、競合が模倣しようとすると最も苦労するところでしょう。大同生命は、中小企業の経営者にとって最も身近な相談相手の一人である税理士を販売のパートナーとして組織しています。一九七四年に税理士の団体であるＴＫＣ全国会との提携を開始しています。ＴＫＣ全国会は会員数八八〇〇人、顧問先企業数約五五万社にのぼります。また、一九九六年には税理士協同組合との提携を開始しています。二〇〇四年の段階では、大同生命の代理店になっている税理士は一万店となっており、全税理士事務所の三割に達しています。

また、法人会や納税協会といった、顧客企業の所属する団体とも提携しています。営業職員は、提携団体と協力したり、営業職員が関係のある会計士・税理士と協力して営業活動を行います。こうした提携によって、営業職員は効率的な販売活動を行うことが可能になります。

③競合にとっての模倣可能性

ここまで見てきたように、大同生命の戦略ポジションは、明確な選択とフィットした活動システムの両方によって形作られています。大手生命保険会社がこの戦略の模倣を考えたときに、いくつかのハードルが存在します。まず彼らが、自らの主戦場として取り組んでいる個人の死亡保障の販売、あるいは、職域販売といった活動から資源を引き抜いて、中小企業市場をターゲットとすることができるかです。

大同生命がＴＫＣ全国会と提携した一九七四年に、個人死亡保障から中小企業市場への資源の移動を大手生命保険会社で議論したならば、決断できない理由が山ほどあることが想像できるでしょう。大同生命の成功が見えてきた段階では、大同生命の活動の仕組み全体を模倣することは難しくなっています。中小企業にアクセスのある販売チャネルの構築では大同生命がはるかに先行しています。中小企業に適した商品を開発して、その特色を販売チャネルに説明する能力も構築しています。大同生命が、中小企業に販売、サービスするのに最適な活動を組み立てているその細部の仕組みまで模倣することの困難さを想像するのも容易です。

戦略下手が批判されることの多い日本企業ですが、個別に見ていくと明確な選択を行い、その活動システムを組み立てている企業もたくさんあります。こうした決断とイノベーションがどのように行われているか、さらに見ていきましょう。

2　戦略ポジションの選択

勝つための戦略ポジションの必要条件は、トレードオフについて明確な選択を行うことであると繰り返し述べてきました。これはどんな選択でも良いという意味ではありません。新しい魅力的な戦略ポジションは、顧客ニーズを革新的な方法で満たすことによって生まれてきます。そして、競争要因や企業の収益性の面から見たときに、既存のポジションに比べて潜在的に大きな改善が可能でなければなりません。つまり、マーケティングとエコノミクス（経済学、経済性）の接点で魅力的な戦略ポジションは生み出されるのです。

日本企業のマーケティング発想はまだまだ「お客様は神様です」的な考え方を引きずっています。これからは、どの顧客ニーズを満たすことでより多くのお金をもらえるか。どのようなやり方であれば、コスト効果が高く顧客ニーズを満たすことができるか。こうしたことを徹底して考える必要があります。

また、競争要因の議論で確認したように、ある製品やサービスを提供しても構造上収益性が守りにくい場合があります。こうした場合は、短期的に顧客ニーズを満たすことで売上を確保できても、長期的には利益が確保できないものです。どのような戦略ポジションをとるかを決める際の典型的な問題を事例を通して見てみましょう。

ケースⅢ　ヤマト運輸の事例

ヤマト運輸（現在ヤマトホールディングス傘下）が小倉昌男社長（当時）のリーダーシップの下で、宅急便という新しい事業モデルを作り出して、巨大な市場を作り出した話は多くの方がご存知でしょう。これはトラック運送という業界の中で、新しい戦略ポジションを創造したストーリーです。一人の経営者がどのように決断したか、小倉社長の回想録である『小倉昌男経営学』（日経ＢＰ社）をもとにその思考をたどりましょう。

①大口貨物フォーカスの行き詰まり

一九七五年に個人宅配市場への参入を決定した際には、ヤマト運輸は商業貨物のトラック輸送の事業で確立した基盤を持っていました。特に、関西で生産された商品を関東の消費地に運送する貨物輸送を柱としていました。ところが、この基幹事業の競争力が低く、収益性が逓減傾向にありました。

ヤマト運輸は、長距離輸送事業において後発であり、主要な荷主を押さえられていたため、大口貨物を安い価格を提示してとらざるを得なかったと小倉社長は回想しています。その背景には、手間の多い小口貨物を避けるという判断もありました。ところが、当時の貨物運送の料金体系では、小口貨物のほうが実は一個あたりの運賃が約一・五倍も高くなっていました。つまりヤマト運輸は顧客から高い価格が取れる市場での競争から自ら降りていたのです。

ただし、小口貨物の顧客を獲りにいった場合でも、どれくらい獲れたかについては疑問があります。小口貨物については、顧客にとってのコストの負担感がそれほど大きくない中で、業者側の価格競争もそれほど激しくなく、むしろサービスレベルでの競争が展開されていました。顧客密着の営業を展開し、また、荷物の集荷の密度を上げることが勝負のカギになってきます。後発で、本拠地が東京にあったヤマト運輸は、関西地盤の先発の競合に対して、関西の荷主を獲得する際には不利があったことが予想されます。

その結果が、大口貨物の獲得に走る、という戦略だったのでしょう。しかし、こうした大口貨物の顧客は買い手としての交渉力が強く、かつ、競合各社も一定レベル以上の集荷密度を維持していて、運送会社として差別化も難しかったことが容易に想像できます。だから、ヤマト運輸は低価格を提示して切り崩しにかからざるを得なかったのです。

ところが、ヤマト運輸は参入時点でコスト面でも不利な立場にありました。東京を地盤としていたため、地方を地盤としていた競合よりも賃金水準が高くならざるを得ませんでした。ヤマト運輸に対する売り手の交渉力が収益性を制約する要因になっていました。結果として、生産性を高めるような設備や機材への投資も遅れがちでした。ヤマト運輸は低コストポジションを巡る競争で圧倒的に不利な立場に立たされたのです。

長距離運送業界でのヤマト運輸のポジションを大きく改善することは極めて困難です。大口の顧客は価格感度が高いため、コストを大きく下げることが必要ですが、ヤマト運輸が低コストポジションをとることは困難です。一方で、小口の商業貨物でのサービス競争、営業競争に勝って差別化ポジションをとることも困難です。いままでの枠組みの中で戦っていては大きな改善を見出せない状況です。

②大口顧客の交渉力による収益圧迫

ヤマト運輸の決断の引き金になったのが、事業のもう一つの柱であった百貨店の三越の配送事業の収益の悪化でした。この事業も構造的な弱みを抱えていました。

百貨店の配送の事業は特に中元・歳暮のシーズンに需要が集中します。ヤマト運輸は当初、この繁忙期にアルバイトを確保して自転車で配送する体制を築いていました。つまり、需要に応じてコストを調節できる変動費ベースでの事業になっていました。ところが、事業の規模が拡大する中でサービスレベルを維持し、競合の参入を防ぐためには、固定的な設備やキャパシティを確保する必要が出てきました。つまり事業の固定費が高くなってしまったのです。

この体制を築いたところで、三越の業績が悪化しました。その過程で、三越側のヤマト運輸に対する扱いが、商品を顧客へ届けるサービスの最終段階の担い手というパートナーから、出入り業者としてできるだけ搾り取る対象に変化した様子を小倉社長は記しています。

つまり、ヤマト運輸が高い固定費を抱える一方で、顧客側はサービスレベルに大きな差を見出していません。買い手はスイッチングコストが低いとみなしており、価格交渉力を活かすことに何のためらいも見せていません。ヤマト運輸は難しい事業構造の下で難しい顧客セグメントと向き合うという、難しい競争環境におかれていました。この構造の下で大幅な収益の改善を達成することも困難だったでしょう。

③個人向け小口配送参入の決断

こうした状況では戦略的に大きな方向転換が必要です。考えられる手としては、大口貨物の中でも限られたセグメントに資源を集中して勝てる体制を作る、大口貨物についての特別なサービスでの差別化を実現する、小口貨物について価格競争ができるような新しい活動システムを実現して価格の大幅な引き下げを実現する、等々があります。

小倉社長は、新しい活動システムを実現して個人向けの小口の貨物の運送事業に参入するという決断を下しました。小倉社長はどのようなメリットを個人宅配事業に見出したのでしょうか。小倉社長の回想をもとにポーター的な枠組みの中で解釈してみましょう。

小倉社長が最も重視しているのは、荷物が期待通りの日時にきちんと届くことが個人にとって大きな価値となりえて、それが既存の郵便事業に対して大きな差別化になりうる、という点です。さらに、荷物を発送する主婦などの個人客であれば、値引き交渉を始めることもありませんし、現金払いです。つまり、買い手の交渉力が法人の荷主に比べて低く、差別化の余地が大いにあるという点に着目しました。

十分なサービスを効率よく提供できるサービスインフラを整備すれば、サービスによる差別化が可能になります。固定費が高い事業になることは間違いありませんが、稼働を維持するために安い価格を大口顧客に提示して価格を叩き合うような競争に陥らない可能性が十分にありました。

さらに、サービスインフラの整備にかかるコストも参入障壁になります。実際にはヤマト運輸の成功を見て、多くの競合が参入してきましたが、先行するヤマト運輸のレベルまでサービスの質を保つことは困難でした。ヤマト運輸は、後発の参入に対して価格競争で対応するよりも、サービス品質で対抗する路線を堅持しています。これも良い業界構造を作り出すうえで、正しい対応だったと言えるでしょう。

ヤマト運輸が参入した段階では、競合企業間の敵対関係は緩やかだったと言えるでしょう。ヤマト運輸が宅配便に参入する以前には、郵便局の小包しか競合は存在していませんでした。もちろん郵便局の確立したネットワークや顧客へのブランドや運輸省が管轄する路線トラックの免許のような規制が大きな参入障壁であったのは確かです。

一方で、宅配便事業については郵便局が競争相手であったというのは、動きの遅い競争相手から顧客を奪っていくことが可能になったという意味で、ヤマト運輸に参入余地を残してくれたとも言えるかもしれません。もし最大手の競争相手が、既存の資産を活かし、かつ、合理化を積極的に進めて、低価格競争を仕掛けてきたり、早い段階でサービス競争を進めていれば、後発の競争相手には極めてつらい戦いになってしまいます。現実には郵便局の小包事業は、赤字続きの国営事業であり、それほど苛烈な反撃がかえってこないと想定することは、それほど無理なことではなかったでしょう。

④戦略を実現する活動システムの構築

ここまで見てきたように、サービスインフラをいったん作ってしまえば、宅配便事業は構造的に魅力のある事業になりうるようです。

小倉社長は、郵便局の小包の市場に加えて郵便局が拾いきれていない潜在市場があると推定しました。アメリカで小包事業を展開しているUPS社の事業の状況が、日本にも十分な市場があると判断した大きな根拠になっています。

この市場とサービスインフラを構築するコストがバランスする必要があります。個人宅に荷物を配送する体制については、百貨店の配送事業でのノウハウを活かしながら構想しました。個人宅を十分なサービスレベルでカバーするために必要な拠点の密度を、警察署の数を参考にして全国に一二〇〇カ所必要であると見積もり、これを賃貸で準備しました。集めてきた荷物を仕分けして全国の拠点に送り出す大規模な拠点については全国に約五〇カ所準備することで、これらの配送インフラについては基本的に自前で用意する目処を立てました。

一方で、個人から荷物を集めてくる、あるいは、個人に荷物を持ち込んでもらう拠点は、より密度を高く用意する必要があります。そこでヤマト運輸は酒屋や米屋に取次店になってもらう仕組みを考えたのです。現在では、コンビニエンスストアが取次店としての主力になっていますが、基本的な構造は同じです。個人になじみのある店に取次店になってもらい、個人客はそこまで荷物を持っていく。取次店は顧客との伝票処理を行い、代金を受け取る。ヤマト運輸の集荷車があとで取次店を回り、営業所に荷物を集める。

この仕組みであれば、ヤマト運輸は自前で集荷ネットワークを構築する膨大なコストを負担する必要はありません。取次店も副業収入を得ることができます。顧客もよく知っている近所の店に持ち込むことで手軽に荷物の発送が処理できます。

⑤戦略ポジションを成り立たせる論理

ヤマト運輸の成功の物語を振り返ってみたときに、その決断の背後に見事な論理が存在していることがわかります。構造的に魅力的でない市場を離れ、魅力的な顧客セグメントに参入しました。顧客のニーズを満たすというマーケティングと効率よくサービスを提供するというエコノミクスの両方を満たす活動システムを組み立てています。

もちろんヤマト運輸の決断は一つのありうる選択であり、唯一絶対の選択ではありません。たとえば、ヤマト運輸と同じく翌日配達をキーワードにして法人向けの小口荷物の配送で差別化を狙ったアメリカのフェデックスのような会社を日本でつくることも可能だったかもしれません。いずれの方向に向かうにせよ、リスクをとった決断だったことは間違いありません。

小倉社長の回想録からは論理と起業家魂が融合する経営者の声が聞こえてきます。ポーター的な論理が経営に活かされていくためには何が必要なのかを学ぶという視点で、また、マーケティングとエコノミクスの両方を満たす解をどうやって考えていくかを学ぶという視点で、ヤマト運輸の成功の物語を再読されることをお奨めします。

ケースⅣ　スルガ銀行の事例

ヤマト運輸は新しい業界そのものを拓いたとも言えます。業界全体では大きな変化が見られない中で新しい戦略ポジションを築いた例を、銀行業界、その中でも個人顧客を対象とするリテールバンキングから見てみましょう。ここでも、キーワードは競争要因への対応であり、マーケティングとエコノミクスの接点での解です。

①大手行の苦境

日本の銀行は、一九九〇年代から近年に至るまで長い低迷期にあります。特に、リテールバンキング業務の収益性は各行とも低いものにとどまっています。ここには構造的な要因があります。

歴史的に銀行は、個人向けのリテール部門を収益部門とは見てきませんでした。個人から預金を集めて、その資金を旺盛な投資需要のある企業部門への貸付に回すのが歴史的な構造でした。そのなかで、リテール部門は預金量をかき集めるのが役割であり、店舗網やＡＴＭ網は資金獲得のためのコストと捉えられていました。

この構造が金融自由化で大きく変わりました。金融市場が整備され、預金で資金を調達するコストと市場から資金を調達するコストを現実的に比較して選択することが可能になりました。結果として、リテール部門として利益を上げることが求められるようになりました。

当然考えられる対応は、顧客の貯蓄や資産形成といったニーズに応えるサービスを提供することです。しかし、すべての顧客に同一のサービスを提供することを前提にした銀行の既存インフラでは、個別の資産形成ニーズに応えながら、きちんと儲けるサービス提供体制を構築することは困難です。マス向けに預金以外の金融商品を大量に売りさばく販売力もまだまだ不十分です。融資サービスは依然として収益源ですが、無担保ローンではやはり特化したインフラを用意している消費者金融のほうが有利です。

しかも、この間に銀行の決済システムは高度化、複雑化し、ATM網の維持運用コストは高止まりしています。銀行に対してATMの二四時間稼働、手数料無料化を求める声に代表されるように利便性への要求水準は高くなっています。大手行はこうした決済サービスから十分な収益を得てはいません。

つまり、リテール部門では、旧来型の銀行の活動システム、特に、そのインフラにかかるコストと消費者がそのインフラから得られる便益に払ってもよいと考えるお金にギャップが生じています。マーケティングとエコノミクスのバランスが不整合になっています。

②スルガ銀行の戦略ポジション――住宅ローンへの特化

こうした市場構造の下で、明確な選択を行ってきたのがスルガ銀行です。スルガ銀行は個人市場、特に住宅ローンに特化しました。多様なローン商品を提供するための社内の商品開発の体制や、迅速な融資審査などで独自の活動システムを築きました。その結果、スルガ銀行の総資金に占める個人向け貸出しの割合は七二％に達しており、全邦銀中のトップに立っています。この戦略によって、二〇〇三年度にはポーター賞を受賞しています。ここでも一橋大学国際企業戦略研究科によるケーススタディを参考に、スルガ銀行の戦略をたどっていきましょう。

住宅ローン市場は、通常の銀行業務と比較すると、支店網やＡＴＭ網といった物理的なインフラがあまり必要でないため、参入障壁が低くなっています。また、住宅ローンの金利負担は大きいものですから、顧客が金利差に対して敏感になることも十分に考えられます。潜在的には買い手の交渉力は強いのです。したがって、下手な競争の仕方をすれば、銀行間の住宅ローン市場での競争は金利を低くするという金利競争の形での、価格競争に陥ってしまいます。住宅ローン市場全体としてみると、必ずしも業界構造としては好ましいものではありません。

銀行としては、住宅ローン市場の中でも、価格（この場合は、金利）にそれほど敏感でない顧客を見つけたり、価格以外のサービスや付加価値をつけて売ることが必要になってきます。

［A］顧客の選択　他社のローン商品では融資の対象となりにくい顧客を、スルガ銀行はターゲットとしています。たとえば、年金収入が主たる収入源となっているシニア層、日本在住の外国人、勤務先の変更が多いＩＴ企業勤務者など、他行ではなかなか融資を受けにくかった層を意識的に融資対象に取り込もうとしています。他社の住宅ローンでは勤続年数二年が最低条件であることが多かったのですが、これを外しています。そのうえで、ＩＴエンジニア専用の特典として、勤続年数の不足や担保評価の不足をＩＴスキルに応じて優遇したりしています。こうした顧客にとっては金利が低いことよりも、まずは借りられることが重要ですから、金利競争に巻き込まれにくくなります。

［B］提供価値の選択　スルガ銀行は、ローン審査の短縮による差別化によって低金利以外で顧客に価値を出しています。住宅ローンの審査は他行では通常三日から五日かかりますが、スルガ銀行では平均で二日以内、通常の案件では当日内に回答しています。住宅取得にあたって住宅ローンが付けられるのかというのは、住宅購入を検討している人にとっては切実な問題です。また、銀行にとってのローンの販売チャネルとなる不動産業者にとっても、目前の見込み客にローンが付くのかというのは切実な問題です。一生懸命売り込み努力をした挙句にローン

が付かないということになるぐらいならば、早めに回答を得て、他の顧客に注力したほうが良いに決まっています。迅速なローン審査というのは、住宅販売、購入のプロセスにおいて大きな価値を生む要素となります。

［C］活動システムの選択　多様なローン商品や迅速な審査が顧客にとっての価値につながるというのは、ある意味、誰でも気がつくことです。他行との大きな違いは、住宅ローン市場に適したインフラ、および、活動システムを構築するという明確な選択をしたことです。

スルガ銀行は住宅ローン市場の攻略に必要かつ低コストのインフラの構築に取り組んでいます。具体的には、顧客サービスチャネルの中心を、重装備の従来型の銀行支店インフラから、住宅ローンに必要な機能に特化した「ハウジングローンセンター」（ＨＬＣ）やＡＴＭ、オンラインバンキングでの顧客サービスチャネルに移しています。大企業向け法人取引から基本的に撤退して、海外支店や大阪・新宿・渋谷といった大企業取引を中心とした支店を閉鎖しました。さらに、個人顧客向けの支店についても、コア市場以外の愛知、山梨といった市場では従来型の支店を閉鎖しました。

また、迅速な審査を実現するために、これまで蓄えてきた審査データと審査ノウハウを活かして自動審査システムを開発しました。審査の考え方については、銀行が伝統的にとってきた担保を重視したものではなく、個人の返済能力への審査に積極的に移行しています。さらに、銀行は伝統的に営業店単位で顧客管理を行ってきており、個人単位の名寄せはできていませんでした。これに対して、スルガ銀行ではチャネルをまたがって個人単位で顧客情報を統合することを可能としたＣＲＭシステムの導入で他行に先んじてきました。自動審査システムとＣＲＭシステムを組み合わせることによって、迅速な審査だけでなく、見込み顧客の状況に応じた提案が可能になります。

スルガ銀行は顧客ニーズと経済性の接点で、良い戦略ポジションを作り出しています。もちろん今後さらに戦略ポジションの強化を続けていくことは必要です。たとえば、今後の金利上昇局面で十分な信用リスクを見込んだうえで、競争力のある商品設計を維持し続けることは大きな課題です。また、現在の審査の仕組みの中では、実質的に不動産業者に一部の審査機能を委ねている側面があります。この面でもプロセスの統合をさらに進めて、審査の質を継続的に引き上げることも課題になるでしょう。住宅ローン市場の参入障壁が低いことが懸念ではありますが、現在の活動システムを基盤にして継続してポジションを強化していくことで差別化を維持していくことは十分に可能でしょう。

③共通の課題に独自の解

他行と差別化できていないと批判されがちな銀行業界の中で、独自の戦略ポジションの構築に先行している銀行を取り上げました。もちろんスルガ銀行は比較的規模が小さいからこそ、銀行にとっての主戦場を外して独自の領域で勝負するという選択がとりやすかったという側面があります。ただ、規模が小さかったからこそ、経営者にとってのトレードオフに際して感じるリスクのプレッシャーも大きかったであろうことも想像するべきだと思います。大手行としてもどのような形でリスクをとって、明確な選択をするのかがますます重要になっていくでしょう。

その際には、これが全ての銀行にとっての正解である、と言えるものは存在しないことをもう一度確認する必要があります。解くべき問題は共通かもしれません。構造的に魅力が下がっている個人向けの単純な預金と企業向けの融資に代わる差別化の可能な商品、サービスに基づく収益源をどう打ち立てるか。また、従来型の預金業務と融資業務のために築かれてきた高コストのインフラをどう再構築するか。このように取り組むべき課題はかなり明確になっています。スルガ銀行はこの問題に先行して取り組んでいます。大手行は、それぞれが独自の解をどうやって見つけていくのか、独自の戦略ポジションによる解答を見ていきたいものです。

3　戦略ポジションの発展

(1) 戦略ポジションと活動システムの相互発展

前節で見たスルガ銀行にしても、ヤマト運輸にしても、これらの会社が新しい戦略を選んだ瞬間であれば、競合企業が同じ決断を下して模倣することは十分に可能です。もちろんトレードオフが存在する決断ですから、本当に決めきることができたのか、という問題はあります。しかし、いったん、スルガ銀行なりヤマト運輸なりを追いかけると決めたとすれば、十分に追いつくことは可能だったでしょう。

したがって、新しい戦略ポジションを作り出そうとする企業は、新しい仕組みを継続的に進化させることが必要です。良い例がアメリカのウォルマートです。日本を含めた海外市場では苦戦していますが、ウォルマートが世界で最も競争力のある小売会社の一つであることは間違いありません。ウォルマートは当初選んだ戦略ポジションを強化していくように活動システムを発展させていきました。その結果、現在のウォルマートの強みとして考えられるさまざまな要素が実現されてきたのです。

ウォルマートが当初選んだ戦略ポジションは、「他社が入ってこないような米国南部の小規模な都市で、価格競争力のあるディスカウントストアを展開する」というものでした。他社に参入余地を作らないような十分な大きさと品揃えを備えた店を競合に先んじて作り、低価格のオペレーションを展開しようという考えです。構造的な強み、自社のポジショニングの特異性によって守られた市場で戦っていました。競合他社が狙うような東部や西海岸の大都市周辺の市場にウォルマートが参入したのはかなり遅い段階になってからでした。

その間に、自社のポジショニングを強化するような活動システムの構築に取り組んでいます。南部の都市において店舗網を築いて効率的に運用するために、自前のロジスティクスシステムに早めに投資を始めました。通信網やITシステムの整備において他社よりも先行して継続的に投資したのです。

また、低価格の供給業者を求めてさまざまな取り組みを展開していきました。購買量を活かした数量ディスカウントを積極的に求めるのももちろん、グローバルに供給業者を求めた活動を展開しています。あるいは、ナショナルブランドのメーカーと店頭での販売情報を共有することでサプライチェーンコストを下げるような取り組みも早くから始めています。

こうして築き上げてきた活動システムによって、ウォルマートは「他社が入ってこないような米国南部の小規模な都市」からそのターゲットを「価格感度の高い消費者全般」に広げることが可能になっています。ウォルマートに見られるような、戦略ポジションと独自の活動システムとの相互発展は一般的なものと言ってよいでしょう。

(2) 「成長の罠」を超えて

ここで問題になるのが、ポーターが指摘している成長の罠です。ポーターは戦略に影響を与える要素の中で最も危険なものとして、成長願望を挙げています。トレードオフによって自社がやらないことを決めてしまうことは、何かを捨てることになります。低コスト戦略をとる会社は、ハイエンドの製品を求める顧客を捨てることになります。差別化戦略をとる会社は、価格感度の高い顧客を獲ることができなくなります。これは企業の売上成長にとっての大きな障害であると考えられます。

ウォルマートのケースでは、戦略ポジションの拡張として、競合が存在している大都市部に参入しても勝つことができました。それまでに発展させてきた活動システムが次の優位につながったのです。しかし、多くの会社が売上拡大を目指し、戦略の次のステージという掛け声の下で、単に自らの優位を手放しただけの結果に終わっているのも事実です。

Ⅰ章でも挙げたアメリカのデルは良い例でしょう。一九九〇年代初めにそれまでの戦略ポジションであったダイレクト販売を離れ、リテールチャネルに参入していますが、これは経営危機を招き失敗しています。この意思決定の背景には、ダイレクトモデルのみでどこまで売上拡大が可能なのか、という懸念がありました。しかし、結果的にはこのリテールチャネル参入は自社の戦略的な強みを自ら放棄しただけに終わりました。

この危機以降、デルはダイレクトモデルによってIT部門のしっかりした法人顧客に対して普及期にあるハイエンド技術を販売することにフォーカスしています。インターネット技術に早くから取り組むことで、デルモデルをより強固なものにしています。取り扱い製品をパソコンからサーバーに拡大したのも、サーバーが標準化した製品になった結果、デルモデルによる販売が可能になったからです。

ここまでは戦略ポジションの継続的な発展の好例です。自らの戦うフィールドを限定することによって、高収益と高成長を達成してきました。戦略ポジションに整合性のあるイノベーションには積極的に取り組んでいます。

どこまでこの戦略ポジションを拡張できるのか、また、拡張すべきか、というのが、再びデルに投げかけられている疑問です。二〇〇六年に入って、「デル2・0」という言葉をデルの経営陣は使い始めています。これが何を指しており、他社に比べてユニークな戦略ポジションになっているのか。顧客ニーズとエコノミクスの接点できちんと成り立ちうるポジションなのか、デルの経営陣にとっての大きな課題でしょう。

こうして戦略ポジションと活動システムの発展の相互作用を見ていくと、ポジショニング中心の考え方とリソース・ベースト・ビューを対立させて捉えるべきか、という疑問がわいてきます。筆者は、この二つは明らかに補完的なものの見方であり、ポーターでさえ、一般に考えられているよりもバランスのとれた見方をしていると考えています。特に、近年、イノベーションの重要性を強調する中で、「構造的に有利なポジションを選び出すのが戦略である」といった考え方から、ポーター自身が離れていることは再度確認すべきでしょう。

4　イノベーションのジレンマと戦略ポジションの革新

(1)　既存企業の戦略ポジションの劣化

神戸大学の三品和広教授は二〇年以上の上場歴を持つ製造業の企業の売上高利益率を一九六〇年から二〇〇〇年まで比較した結果、これらの既存の大企業の利益率が一九六〇年代以降一貫して逓減傾向にあることを指摘しています。これは既存企業が戦略の有効性を長期にわたって維持することがいかに大変かを示しています。

ここまで挙げてきた独自の戦略ポジションで成功している企業も、戦略の選択を行った時点では業界内の最大手ではありませんでした。むしろ規模の小さい企業であったがゆえに、大胆な戦略に賭けることができたと言えるでしょう。大企業が明確な選択を行って独自の戦略ポジションを築くことが可能なのでしょうか。

これは難しい問いかけです。三つのケースに分けて考える必要があると思います。一つは、すでに明確な選択を行っており、その活動システムの優位性は維持できているが、狙った顧客セグメントでの需要が飽和しつつある企業です。こうした会社はウォルマートが大都市市場に進出したように、また、デルが「デル2・0」を模索しているように、その強みを強化しながら戦略ポジションを拡張していく必要があります。ただし、デルが早い段階でリテールチャネルに進出して失敗したように、自らの固有の強みを安易に手放すことは慎むべきです。現在の戦略ポジションでどこまでの成長余地があるのかの見極めが大きなカギになります。

二つ目のケースは、明確な選択ができておらず、社内に複数の取り組みが散在している企業です。この場合は、いかに苦痛が伴おうと明確な戦略ポジションの選択が必要です。強みのない事業は撤退して、勝てる市場に資源をつぎ込む必要があります。現在の強みや成功している顧客セグメントに注目して、そこでの事業モデルを徹底的に拡大することを考える必要があります。

三つ目のケースが一番厄介です。自社の活動システムが有効でなくなってきている企業です。この状況は、クレイトン・クリステンセンが『イノベーションのジレンマ』（翔泳社、原題 *The Innovator's Dilemma*）で指摘した破壊的イノベーションの戦略版として考えるのがわかりやすいと思います。

(2)　戦略イノベーションのジレンマ

クリステンセンはさまざまな技術面でのイノベーションにハイテク企業がどう対応していったかを調べたうえで、既存企業が破壊的なイノベーションへの対応で失敗していることを指摘しています。同じように破壊的な戦略ポジションへのシフトにどう対応するかが、既存企業にとってはチャレンジになります。

破壊的なイノベーションとは単に不連続なイノベーションではありません。破壊的なイノベーションとは、全般的な性能で言うと主流顧客の要求水準には達していないものの、ある種の非主流顧客にとっては評価されるような特徴をもったイノベーションを指しています。多くの場合、破壊的イノベーションは、小型、安価、シンプルで、使い勝手の良い技術によってもたらされています。しかも、そうしたイノベーションが継続的な改良によって主流顧客にまで受け入れられたとき、市場の構造に大きな変化が生じます。たとえば、パソコンは市場導入時には法人の基幹業務を扱うには明らかに非力でしたが、現在ではパソコンから発展したサーバーが多くの業務でメインフレームを代替しています。

クリステンセンによれば、優れた既存企業はこうした破壊的なイノベーションに対応しようとすると問題にぶつかります。既存企業は、自社がターゲットとしている主要ユーザーの要求に応えるようなイノベーションにはうまく取り組めます。自社の戦略ポジションを強化、発展していくようなイノベーションには既存企業は積極的に取り組んでいくものです。

問題になるのは、自社のターゲット顧客にとっては不十分な価値提供にしかならないが、将来的に強化、発展していったときに脅威になるような活動システムが導入された場合の対応です。自社の活動システムでは対応できないような顧客ニーズが自社のターゲットセグメントにおいて主流になるという変化も同様の問題を引き起こします。

前者の新しい活動システムで言えば、サウスウエスト航空の挑戦を受けた大手の航空会社や、デルの挑戦を受けた大手パソコンメーカーがこうした問題に直面しました。顧客ニーズの変化の例では、瓶ビールを配送してもらうよりも自ら缶ビールのケースを買いに行くようになった顧客の変化に対応する酒屋を思い浮かべると良いでしょう。あるいは、自動車会社の直系のディーラーに全てお任せで面倒を見てもらうよりも、ホットなモデルを選んでサービスは自分で選んでいくほうが良いという顧客が増えている自動車市場を思い浮かべても良いかもしれません。

こうした場合、既存企業としては短期的には自社の戦略に固執することが正しい選択になります。自社の戦略ポジションと不整合な手を打って、中途半端なオペレーションに陥ってしまうよりも、自らの戦略ポジションの強みを最大限強化してそこで勝っていく戦略のほうが投資効果が高くなります。特に、自社のターゲット顧客に聞けば、こうした新しいニーズを訴える声はほとんど返ってきませんし、新しい活動システムを評価する声もほとんど返ってきません。

明確な選択をして、顧客ニーズにフォーカスする、という正しいマネジメントを行っている企業が、破壊的なイノベーションには対応できない、というのが、イノベーションのジレンマです。

(3) イノベーションのジレンマへの処方箋

正直なところ筆者は、イノベーションのジレンマにこう対応すべき、という納得のいく処方箋に出合ったことはありません。やはり対応が難しいからこそジレンマなのでしょう。そうは言ってもいくつか考えるべきポイントは明らかに存在します。

まず第一に必要なことは、社内で新しい実験的な取り組みを行うような仕組みや環境を確保することです。社内の本流から少し離したところで、資源を絞りながら、新しい顧客セグメントやニーズ、新しい価値提供の仕組みを試していくことが重要です。社内のほとんどの部署やオペレーションは戦略ポジションに緊密に結び付けて、そこから外れることはやらない、というコントロールを利かせる一方で、こうした戦略的な実験を殺さないようにするというある種の矛盾を組織に抱えておく必要があります。

こうした実験を選択する際に重要なのは、将来的な自由度を広げるような試みや不確実性の高い環境変化への対応能力を高めるような試みを優先することです。

バブル期の日本企業に見られたような資源のばらまき状態で新しいことに取り組むことを推奨しているわけではありません。むしろこうした実験チームでは、社内ベンチャー的な取り組みとして、資源の配分自体は絞り気味にしながら、打ち手については制約を緩めるということが必要になります。創造性を殺さないようなシニアマネジメントの保護が必要になります。

第二に、経営陣の中にシナリオ思考を根付かせることが重要です。公式の未来が絶対に実現すると決め込まずに、ひょっとすると別の未来もありうるかもしれないと考えるクセを組織の中に広めることです。石油会社のシェルがシナリオプランニングを公式のプランニングに織り込んだのが有名な例です。シナリオプランニングによって、一九七〇年代初めの段階で、石油価格が高騰するとしたら何が起こるのか、あるいは、一九八〇年代初めの段階でソ連の原油が資本主義国市場に出回るとしたら何が起こるのか、こうした思考実験を予め行ったことが、戦略的な対応を要する変化が起こったときに経営陣が柔軟に対応する準備につながりました。

第三に、最終的には、経営者の決断が要求される局面があるという認識の徹底です。戦略を決めることこそが経営者の役割であり、戦略の選択にはトレードオフがつきまとうという事実から、経営陣は逃れることはできません。現場で何が起こっているか、また、顧客ニーズがどう変化しているかに経営者が注意を払うのは、オペレーションの改善を推進するためではありません。経営者は市場の構造変化や戦略ジレンマの兆候をつかまえて、それに対応するすべを考えるために、情報への感度を高めているのです。

社内で行ってきた実験についても、それが成功したときにはどう活かすのか、どうやって拡大していくのか、戦略的な意味を考える必要があります。経営者が明確に選択することで初めて実験の意味があります。現場任せの実験からは戦略は生まれてきません。

(4) 実験と計画化の統合

こうした戦略的な実験、長期的なシナリオ思考、経営者の選択をまとまった形で提唱している経営学者にヘンリー・ミンツバーグがいます。ミンツバーグは公式の戦略計画に定められた戦略だけでなく、実際の現場での活動や思いがけない成功から新しい成功パターンが生み出され、それが戦略となっていくことがあることを指摘しています。ミンツバーグはこうした明確な意図なしに表れてくる戦略を「創発的な戦略」と呼んでいます。

ミンツバーグは、計画によって意図的に戦略を定めておくことと、創発的な試みを活かして戦略的な学習や継続的なイノベーションを試みることの双方を組織の中に活かしておくように提唱しています。上級マネジメントが組織の取り組みの方向について大まかなガイドラインを示して、実行の細目や具体的な取り組みを組織の下部や現場に委ねるというのです。こうしたマネジメントの方法をとる組織では、新しい取り組みや実験が組織の各所で行われることになり、組織の全員が戦略プランナーの役割を担います。

分析的な戦略プランニングと戦略的な実験による新しいパターン創出の組み合わせは、イノベーションのジレンマへの一つの解となるかもしれません。

(5) トヨタの戦略ポジションの発展

自社の戦略ポジションへのこだわり、創発的な戦略過程、不連続な変化への対応能力において、日本企業の中でトップクラスにある会社としては、トヨタ自動車を挙げるべきでしょう。トヨタ自動車というと、オペレーション効率だけで戦っている企業の代表例のように思われがちですが、実は明確な戦略ポジションを築き、かつ、そのポジションを革新している会社です。

トヨタ自動車の伝統的な戦略ポジションは、幅広いプロダクトライン、製品とサービスの信頼性、手厚い顧客サービスによって顧客を囲い込むことでした。それを支える活動システムが、トヨタ生産方式であり、サプライヤーネットワークであり、特に国内では地場資本系のディーラーとのアライアンス関係でした。海外においては、信頼性と低コストという製品価値によって大きな優位を築いていました。

しかし、海外の競合が生産性と信頼性のギャップを埋めるにつれ、トヨタとして新しい優位を築く必要が出てきます。また、ライフスタイルが多様化するにつれて、より高価な車種に誘導していくことを前提としたラインアップで顧客を囲い込むということが不可能になってきています。車の信頼性が高くなった結果、ディーラーサービスについても大きな価値を見出さない顧客が増えています。

競合がオペレーション効率の差を埋めてくるのに加えて、顧客の車の選び方が変わった結果、従来の戦略ポジションでは十分な独自性が発揮できない可能性が高まったのです。また、トヨタの経営陣の発言を見ていると、先進国での車に対する多様な価値観の広がり、開発途上国での車の普及と市場拡大、燃料電池やハイブリッドといった環境技術の重要性、車にとっての電子制御技術の重要性、といった要因について十分に認識していることがうかがえます。

その結果が、従来の信頼性を中心とした強みを守りながら、ポジショニングを進化させていくための施策につながっています。一つは、世界の主要市場について、現地での開発を行う体制の構築に早くから取り組んできました。また、車そのものの魅力を高めるために、技術に対する投資に取り組んできています。ハイブリッド車に代表される環境技術もその一つです。また、電子制御の技術がエンジンや駆動系の良し悪しを左右することにも早くから着目して、部品メーカーの再編も進めてきました。

従来のフルラインを揃えている強みから、個々の車のモデルの魅力度で勝負する体制へ変わろうという動きも見られます。特定のセグメントを意識した車の投入も活発に行われています。ただし、本当の意味での市場志向の開発を推進する体制の整備や要素技術の強みを車そのものに反映するノウハウはまだ十分とは言えないかもしれません。日本におけるレクサスでもヨーロッパの高級車メーカーからの顧客獲得はまだまだの段階です。若いユーザー層の感性に訴える車の開発でも取り組みは進んでいますが、結果はまだら模様というのが実態でしょう。

しかし、トヨタのさまざまな打ち手を見ていると、将来像についても複数のシナリオを用意しながら、長期的視点から布石を打っていることがうかがえます。個別の車の開発についても、実験的な取り組みを行っています。そして、出てきた芽には大胆な投資をしています。海外進出、部品メーカーの再編、レクサスの日本導入などがそうした選択です。

自らの戦略ポジションに愚直に固執しながら、長期的な戦略の革新に対して布石を打っている企業として、トヨタを再評価してみても良いと思います。オペレーション効率だけでなく、戦略ポジションについての決断と継続的イノベーションのモデルとして多くの日本企業がトヨタの強さを学ぶことを願って、この章を終えましょう。

〔IV〕

クラスターと政府の役割

1　立地という視点

(1)　国の競争力とは

ポーターは『国の競争優位』（ダイヤモンド社、原題 *The Competitive Advantage of Nations*）という本を、「国の競争力」がどうやって決まるのかという問題の立て方はおかしい、という議論から始めています。ポーターがこの本を書いたのは、アメリカの貿易赤字が拡大しており、アメリカの競争力が低下しているという認識や危機意識が広がっているときでした。ポーターはこうした論調に簡単に乗ることなく、本当に答えるべき問題は何で、現実に何が起こっているかという観察から出発しています。

まずある国の競争力があるとは、どのような状態を指すのでしょうか。ポーターは貿易収支の黒字が大きいとか、政府の財政収支がバランスしている、といった指標を拒否しています。競争力があるとは言えない開発途上国において、貿易収支が均衡している場合もあるし、逆に貿易収支は赤字でも経済が安定して生活水準も上昇しているような繁栄した経済も存在していることを指摘しています。

賃金水準が低く、製造業においてコスト優位が存在している国を競争力があると呼ぶのはどうでしょうか。ポーターは、そうした優位は一時的なもので他の開発途上国の工業化が進むにつれて失われていくものであると論じています。また、国民の生活水準が上昇しないのであれば、賃金を低く抑えて輸出で稼ぐことにどのようなメリットがあるのかと問いかけます。むしろ賃金が高いにもかかわらず、輸出競争力がある産業を持つべきではないか、と続けます。

つまり競争力とは突き詰めて言えば、国民の高い生活水準を維持して、広い意味での繁栄が可能となっていることなのです。これは高水準の賃金を払い続けられるような企業が発展を続けることが必要です。さらに言うと、企業が高い生産性を実現し、生産性を継続的に上げていくことによってはじめて可能になります。

生産性は、労働や資本を一単位使ってどれだけの価値を生み出すことができるかによって決まります。ここには、生産資源を効率的に活用して、高い価値を生み出すという、効率の面と価値の面の両方が含まれていることに注意しておきましょう。

(2)　国よりも企業の立地が問題

生産性という指標である国の経済を見ると、産業によって大きなばらつきがあることがわかります。つまり、一つの国の中で成功している産業は限られており、全ての産業で国際的に競争力のある水準の生産性を達成している国はないのです。さらにもっと精密に見ていくと、国際的に競争力のある企業はそもそも限られた数しか存在しておらず、しかもそれらの企業はしばしばごく限られた狭い地域に立地しているという現象があります。シリコンバレーへのＩＴ企業の集中、スイスのバーゼルの製薬企業、ニューヨークの広告代理店、イタリア北部の製靴産業等々、こうした競争力のある企業の集積という現象は広く観察されます。

したがって、正しい問題の立て方は、「なぜある国や地域に立地した企業がある産業やあるセグメントで国際的な成功を収めるのか。生産性の継続的な上昇を実現するのか」なのです。

(3) 伝統的説明はなぜ不十分か

この問題について、国際分業がなぜ成立するのかという視点から経済学は多くの説明を提示しています。しかし、ポーターはこうした説明が不十分であるとして退けています。

たとえば、ヘクシャーとオリーンが定式化した標準的な貿易理論では、各国は同じ技術を持っていますが、土地、資本、労働といった生産に必要な資源について差があるという想定をしています。ある国で労働力が豊富に存在するのであれば生産プロセスにおいて労働を多く使う産業に特化し、資本が豊富であれば資本を多く必要とする産業に特化することが、双方の国にとって有利な選択であるというのです。すなわち、土地、資本、労働といった生産要素がどのように備わっているかが国際分業のパターンを決定し、自国に豊富に存在する生産要素を活かすように特化していく、という理論です。

ポーターは、これに反対を唱えます。実際にはこの理論で説明できない国際分業が多々あります。韓国は朝鮮戦争後、国内には十分な資本が存在しない状態から、鉄鋼、造船、自動車といった資本集約型の産業を立ち上げ成功を収めています。十分な熟練労働者、優秀な科学者、豊富な資本が存在しているアメリカが、工作機械、半導体メモリー、家電といった分野では失敗しています。また、現在の国際分業の多くは、似通った生産要素を持った先進国間で発生しており、似通った生産要素を用いて生産されている製品も幅広く国際分業の対象となっています。

別の伝統的な説明として、規模の経済に着目したものがあります。すなわちある産業で規模の経済が働くとすると、先行して規模を築いた国の産業の優位は崩しにくくなります。ポーターは、規模の経済の重要性には同意しつつ、この理論ではどの国の産業や企業が十分な規模に達するかについて何も語っていないことを問題にしています。ドイツの化学産業やスウェーデンの鉱山機械といった例を挙げて、これらの国の国内の需要が必ずしも世界最大ではないことを指摘しています。日本の自動車会社各社が海外への輸出によって規模を実現したように、国際競争の下では輸出によって規模を実現することは可能なのです。

伝統的な説明の中では、リカードの比較優位の考え方が最も的を射ていると、ポーターは考えています。リカードの説では国の間で技術ギャップがあるため、もともとの生産要素が同じでも特化するメリットが生じると考えています。国と産業の生産性の格差が生産性の比較的に高い産業に資源を集中させていくことのメリットを生むのです。

しかし、ポーターはリカードが技術ギャップの源泉を広く環境であるとか、風土といった要因で片付けていることに対して不満を示しています。ポーターは、リカードが終えたところから仕事を進めようとしました。すなわち、技術ギャップ、生産性の格差につながるような環境とは一体どのようなものかを追求しました。

2　ダイヤモンドフレームワーク

さて、ここまでの議論を整理してみましょう。ある国の競争力があると言えるのは、その国の生活水準が高く、持続的に向上している場合です。それが可能になるのは、その国の企業の生産性が高く、持続的に生産性を向上させている場合です。伝統的な貿易理論に基づく説明は不十分であり、産業やセグメントにとってある国がなぜ良い環境であって、そこに立地する企業がなぜ生産性を向上できるのかが説明できません。

ポーターは、生産性の持続的な向上は継続的なイノベーションによってのみ可能であることを指摘しています。前にも指摘したように、生産性には効率と価値の両方の側面が入っています。生産要素の価格が低いだけでは、より低コストの国の企業が参入したときには競争できません。また、企業の競争は価格だけでなく、価値の面でも戦われています。こうした価値の面での優位にどれくらいつながるかも、立地としての魅力度に大きな影響があります。

ポーターは実際の産業の発展と競争力の変化について事例研究を積み重ねることで、こうしたイノベーションを促進するような環境かどうかを説明する枠組みとして、図4―1のような四つの要素の相互作用を提唱しました。これをダイヤモンドフレームワークと呼んでいます。

①要素条件――熟練労働者やインフラといった産業の競争に必要な生産要素が国内にどのように整っているか

②需要条件――産業の製品やサービスに対する自国需要がどのような性格のものか

③関連・支援産業――国際的に競争力のある、サプライヤー産業や関連する産業が国内に存

図4－1　国の優位の決定要因

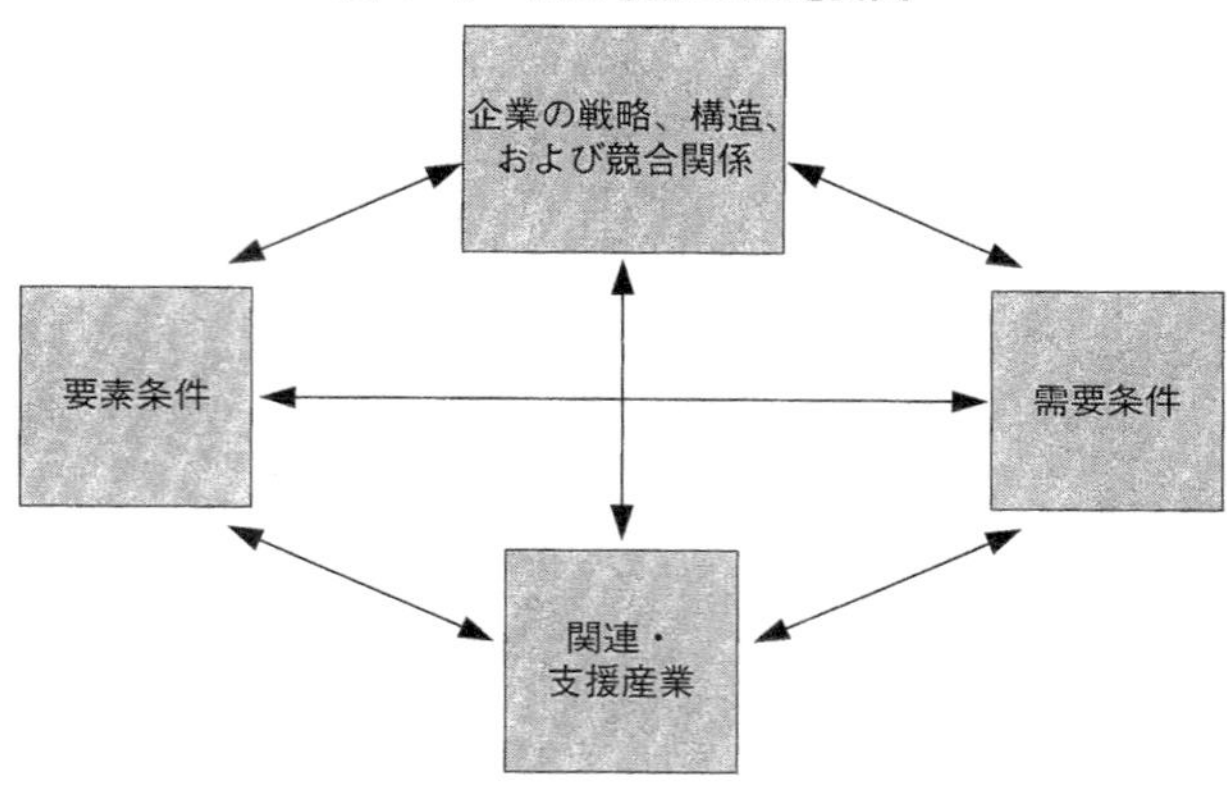

（出所）　マイケル・E・ポーター著、土岐坤、中辻萬治、小野寺武夫、戸成富美子訳『国の競争優位（上）』ダイヤモンド社

在しているか、あるいは、存在していないか

④企業の戦略・構造・競合状況――国内で企業がどのように組織され、経営され、競合しているか

ダイヤモンドの各要素が産業にとって好ましい条件であると、産業は成功する可能性が高くなります。これらの要素は、個別で、あるいは、相互に作用しながら、産業の成功に影響を及ぼしています。全ての条件が整っていない場合でも、企業が不利な条件を克服することもあります。一つの要素について良い条件が整っていることが、他の条件の改善を引き起こすこともあります。国内に存在する需要家が熟練した労働者を育てるようなケースです。ただし、一つか二つの条件だけに依

存した産業が永続的な成功を収めることは困難です。個別の条件について順に見ていきましょう。

(1) 要素条件

要素条件とは、産業が生産を行うのに必要な資源が国内にどのような質と量で存在しているかです。この場合の資源には、労働力、土地や原材料といった物的な資源、科学やノウハウといった知識、資本、物流や通信といったインフラを指しています。

伝統的な貿易理論でもこうした生産資源が国内でどれだけ整っているか、入手できるかを重視していますが、現在の産業ではよりダイナミックな見方が必要になっています。これには二つの重要な側面があります。

一つは、生産資源は国や企業の努力によって増やしたり、改善することが可能な点です。ある産業について訓練された熟練労働者の人数は増やすことができます。産業のインフラは整備することができます。R&D投資によって知識ベースは改善することができます。かつての天然資源に依存した産業構造を前提にした要素条件を思い浮かべることは大きな間違いです。

もう一つのポイントは、生産資源の中でもより高度なもの、産業に特化したものが重要なことです。産業の競争力は継続的なイノベーションによって生産性を向上させていくことにかかっています。そのためには、高度な知識労働者や先端の知識が欠かせません。基本的な仕事を遂行できる条件としての基本的な生産資源が整っていることは必須ですが、競争力の差は高度な生産資源をどれだけの速さで蓄積していけるかにかかっています。

(2) 需要条件

需要条件は、どのような需要がどれくらいの量で自国に存在しているかを指します。特に重要なのは、要求水準の高い、洗練されたユーザーが国内に存在していることです。こうした需要家が国内に存在していることによって、先端のユーザーがどのようなニーズを持っていて、どちらの方向に進もうとしているのかがよくわかります。さらに、こうしたユーザーは問題点についてすぐに不満の声を上げ、自らの欲しい製品を要求することで、企業がイノベーションを推進するように強いプレッシャーを与えます。

企業が本社をおいている母国にこうした先端ユーザーが存在するのと、国外に存在するのでは大きな差があります。先端ユーザーが国内にいれば、開発に携わる人間はユーザーが何を求めているかを肌感覚でつかむことができます。ユーザーニーズに基づいた開発計画や投資案が提出されたとき、経営者はそれが何を狙っているのか、どのようなユーザーの声に基づいて計画が出されてきたのか、同じく肌感覚で理解することができます。これは継続的なイノベーションを推進し、特に価値の面を高めていくときに大きなメリットになります。

需要条件と言うと、つい国内市場の大きさを考えますが、需要の量よりも需要の質のほうが競争力に重要な影響を及ぼします。仮に国内の需要の量が小さくても、洗練した国内ユーザーに鍛えられた企業は早期に海外に進出することで規模を達成することができます。

(3) 関連・支援産業

国際競争力のある供給側の産業や関連産業が国内に存在することは、産業の成功に大きな影響を及ぼします。ポーターは、図4－2のようにイタリアの靴産業がどのような関連産業に支えられているかを示しています。日本の自動車産業や家電産業を支える裾野を思い浮かべても容易に納得のできることです。

特に、イノベーションの過程において、国内の供給産業の役割は大きいのです。単に安定した供給が得られるということではありません。新しい技術を取り入れたり、新しい生産プロセスに移行する際に、供給産業はパートナーとして大きな貢献が可能です。また、産業内の技術

図４−２　イタリアの製靴とファッション・クラスター

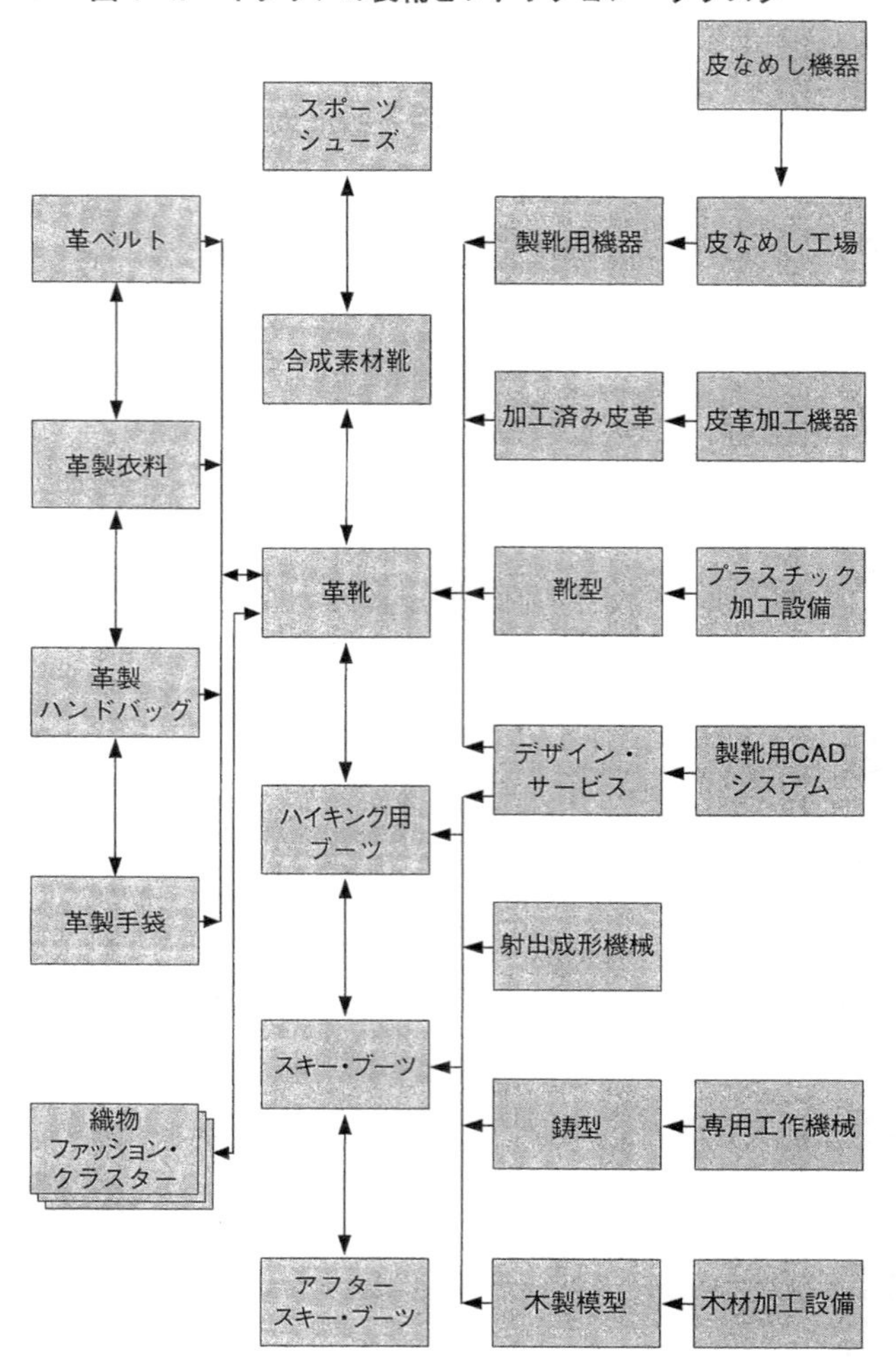

（原出所）　クラス・ファン・デア・リンデによる調査（1993年）
（出所）　マイケル・E・ポーター著、竹内弘高訳『競争戦略論Ⅱ』ダイヤモンド社

動向や新しい試みの情報を広げる役割も担っています。

(4) 企業の戦略

産業をまたがって共通に必要な成功の条件としては、産業にコミットした複数の企業が国内市場において激しい競争を繰り広げていることがあります。これは個別企業が国内市場で収益性を確保するためには不利な条件です。しかし、いったんこうした競争を勝ち抜いた企業は国際市場で競争力を発揮できます。静的な状態では不利な条件であっても、ダイナミックな企業の行動によって強い企業が作り上げられていくのです。

激しい国内での競争というのはどのような競争を指すのでしょうか。ポーターは、国内の激しい競争が国際競争力を高めた好例として、日本の産業を挙げていますが、近年の日本企業の競争行動を見ていると、なかなか国際競争力につながりそうにない競争もありそうです。

ポーターは、良い競争の例として、限られた市場の中で少しでも優位に立とうとする企業がいろいろなセグメントでの戦いを試みることを挙げています。競合が強みを持っているセグメントを避け、新しいセグメントに着目して、新しい顧客ニーズを掘り起こすことが新しい価値の創造につながります。

また、各企業が同じような要素条件を持っているため、既存の要素条件の強みに頼らず、競争の仕方を工夫していくことを指摘しています。結果として、生産要素そのものの高度化につながったり、生産要素のより効率的な使われ方や新しい強みの創出が引き起こされます。

つまり、価値と効率の両方の面でさまざまなイノベーションが起こることをイメージしています。新しい試みが活発に行われ、それを競合が模倣し、改善していきながら、定着していくというダイナミックな競争が必要です。日本の大企業の競争の方法がこうしたダイナミズムを欠いているように感じるのは筆者だけかもしれませんが、ポーターの競争はこうした活発なイノベーションを競うものであることを確認しておきましょう。

3　クラスターとは

(1)　地理的な集中

先に、ダイヤモンドの各要素の間では相互作用が働くことを指摘しました。ある要素での好条件が他の要素を刺激して、ダイヤモンド全体が良くなっていくような好循環が生じうるのです。こうした相互作用が働くか否かの最も大きな要因として、国内の競争が激しいことと産業が地理的に集中して立地していることをポーターは挙げています。

地理的に近接した企業では情報の行き来が活発になります。公式な場での意見や情報の交換だけでなく社交の場のうわさ話を通しても、新しい顧客ニーズや製品動向、競合の動き、技術開発動向といった情報が活発にやり取りされます。場合によっては、転職によって競合会社に移る人もいるでしょう。

情報の活発な流れに加えて、目に見える場所での競争によって強いライバル意識が生まれることも大きな要素です。この会社には負けたくないというプライドをかけた戦いが、活発なイノベーションへの強いインセンティブにつながります。地域での激しい競争に鍛えられた企業は強い国際競争力をもっています。この現象をクラスターと呼び、ポーターは注目しました。

(2)　クラスターの構成

クラスターについてポーターは「相互に関連する企業や機関が、狭い地理的な範囲の中で、ある分野に集中して存在する現象。これらの企業や機関は共通性や補完性で結び付けられている。地理的な範囲は、一つの都市から州や国、場合によっては近隣諸国のネットワークもありうる」と説明しています。

ここで見るように、クラスターには「関連する企業や機関」が含まれています。通常、クラスターは産業分類をまたがった業種が含まれた概念になっています。また、クラスターには、最終製品の製造者を中心として、生産機械、材料、サービス、教育・研究機関といった関連する産業が含まれてきます。イタリアの靴クラスターの例（図4―2）を見ると、業種をまたがった広がりがわかると思います。また、カリフォルニアのワインクラスターでは、カリフォルニア大学デービス校のような大学が大きな役割を果たしています。さらに、農業クラスターやツーリズムクラスターといった関連するほかのクラスターとも結び付いています。

どこまでの企業がクラスターに含まれていると定義するかには、何か機械的な基準があるわけではなく、判断の要素が入ってくることをポーターも強調しています。

半導体のクラスターを考えてみても、垂直統合型の半導体メーカーや受託生産に特化したファウンドリーの他に、ソフトウェアや開発に特化した生産設備を持たないファブレスのメーカーもあります。半導体の製造装置や材料、生産工程で必要となってくる資材を提供する企業の裾野も広がっています。大学や研究機関も重要なクラスターを構成する機関です。

日本を中心とした半導体クラスターをどの地理的単位で捉えるべきか、というのも判断の要素に入ってきます。九州でクラスターが閉じていると考えるべきか、日本と韓国も含めた半導体クラスターと考えるべきか、あるいは、台湾まで含めるべきか。実態としてどのような企業間の取引や情報の移動があるか、企業が直面する課題や優先順位が共通するかなどの、実態把握や政策目的に基づいた定義をするべきでしょう。

また、大きく括ると同じようなカテゴリーに入るクラスターでも地域によって異なる構成になっていることもあります。たとえば、ニューヨークのローワーマンハッタンのマルチメディアクラスターとサンフランシスコのベイエリアのマルチメディアクラスターでは実態が大きく異なっています。ローワーマンハッタンでは、コンテンツが中心になっており、出版、放送、グラフィック、視覚芸術といった分野の会社がクラスターを形成しています。ところが、ベイエリアでは、コンテンツ制作を支える技術面に特化した会社が多く、ハードウェア、ソフトウェアの分野がクラスターの中心になっています。

一般に発展した経済のほうがクラスター内での分業が進んでおり、さまざまな業種をまたがった構成になっていることが多いようです。産業のインフラが十分に発達していない段階では、垂直統合の必要が高く、専門特化した企業がなかなか出てきません。ポーターは、図4―3のようにスウェーデンとポルトガルの林業製品クラスターを比較して、この差を示しています。

ポルトガルの林業製品クラスター

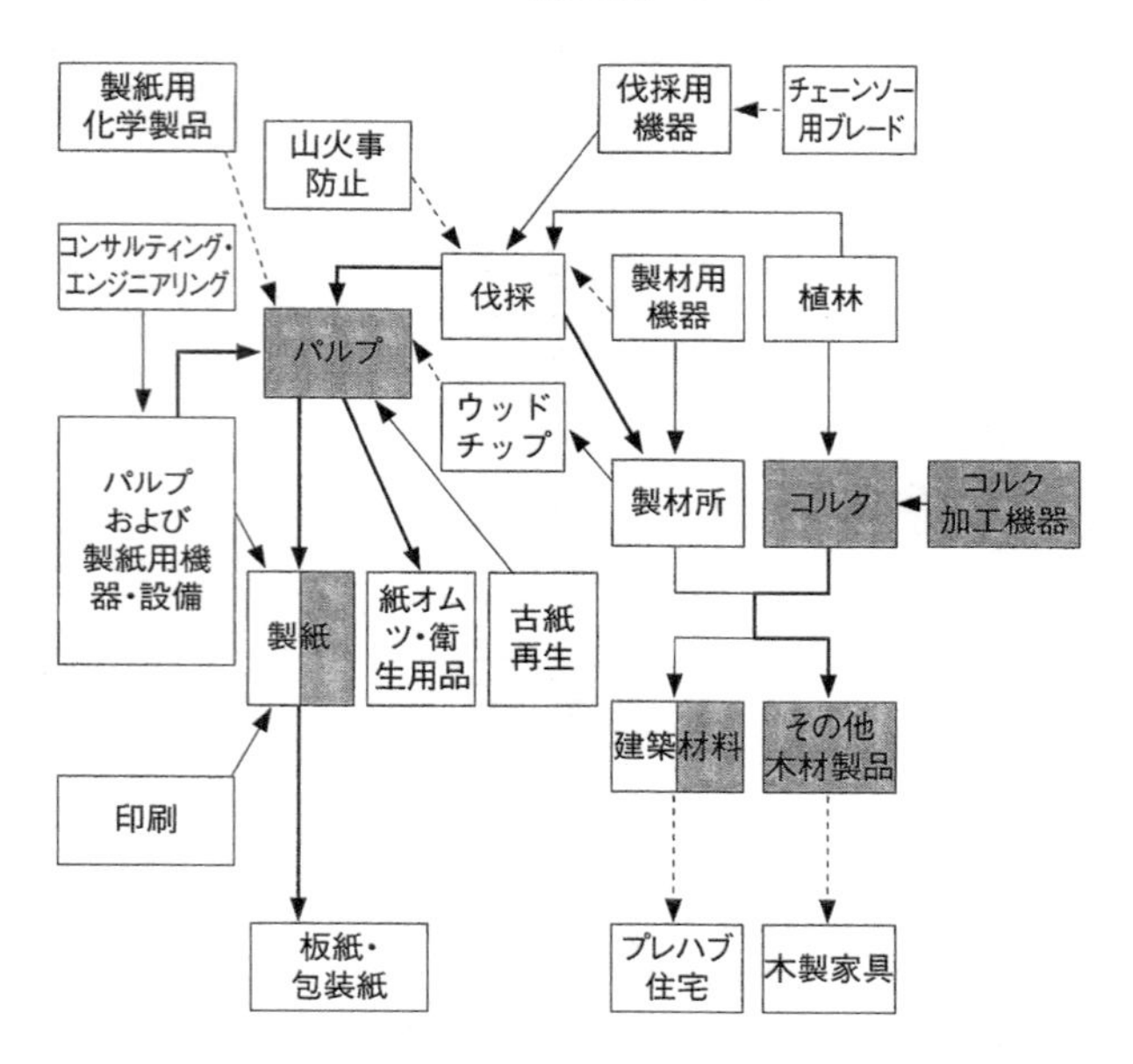

図4－3　スウェーデンと

スウェーデンの林業製品クラスター

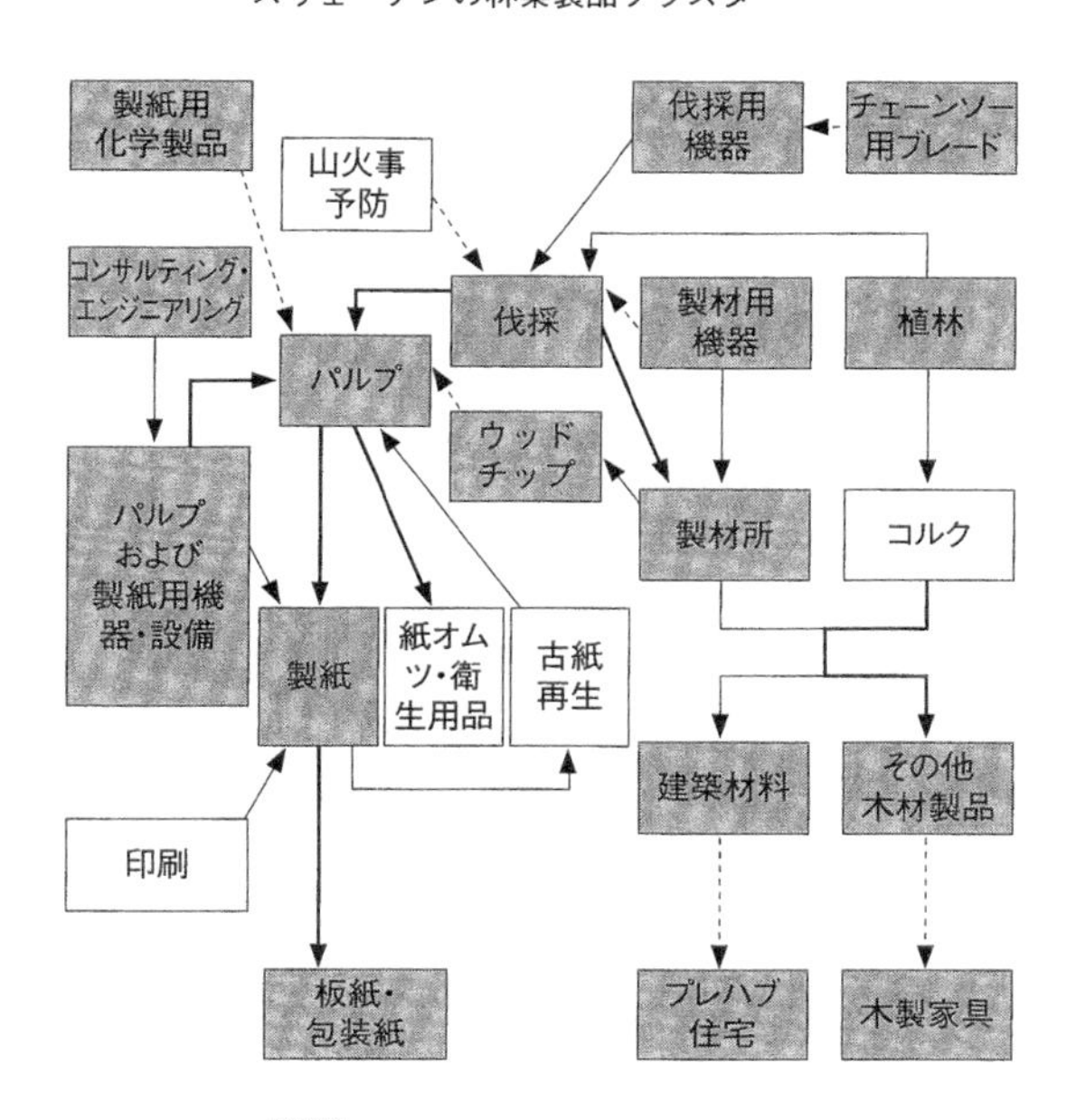

（原出所）　モニター・カンパニー（1994年）およびポーター、セルヴェル、サンダー（1991年）

（出所）マイケル・E・ポーター著、竹内弘高訳『競争戦略論Ⅱ』ダイヤモンド社

(3) さまざまなクラスターの類型

クラスターについての研究が進む中で、クラスターをさらに交易クラスター、資源クラスター、ローカルクラスターの三つに分類することが提唱されています。交易クラスターは、物やサービスの取引が地域外とできる業種を中心にしています。資源クラスターは、やはり地域外と取引ができますが、そのクラスターはその地域で産出する資源に直接的に結び付いたものです。ローカルクラスターは、小売やさまざまな地域住人を対象にしたサービスのように地域外との取引をほとんど伴わない業種です。

地域経済の中にローカルクラスターが占める割合は大きく、雇用者の三分の二程度にまで達します。しかし、基本的なサービス産業が中心で、生産性を改善することは困難であり、雇用者の平均賃金も他の二つのタイプのクラスターよりも低いのが通常です。

先進諸国では資源クラスターの重要性は低下する傾向にあります。あるいは、資源クラスターとして出発しても、サービスや製品を高度化する中で、地域資源への依存度を下げたクラスターが繁栄する傾向にあります。好例がテキサスの石油クラスターです。テキサスから産出する石油の重要度はこのクラスターが成立したときよりも大幅に下がっています。しかし、高度な油田サービスを提供する専門会社やエンジニアリング会社は未だにテキサスに数多く立地しています。アラビアの海底油田の火災が発生した際に消火を行う会社を探すなら、まずテキサスの会社に当たると言われているようです。

一般的に、生活水準の上昇、あるいは、その前提としての賃金の上昇は、交易クラスターが中心になります。交易クラスターは平均的に賃金水準が高いのみならず、その地域の交易クラスターの賃金水準が高いと他のクラスターの賃金水準が高くなる傾向があります。健全な交易クラスターの発展を実現するのが、経済政策上重要です。

(4) ハイテククラスター偏重の落とし穴

クラスターの発展や育成というと、しばしばハイテククラスターの育成と結び付けられる傾向があります。これは大きな間違いです。第一の問題は、ＩＴやバイオテクノロジーといったハイテククラスターが全雇用者に占める割合が低いことです。ハイテククラスターを育成してもその直接のインパクトは限られています。第二の問題は、イタリアの靴クラスターのようにいわゆるローテクのクラスターでも高い賃金水準を達成できることです。

第三の問題は、ハイテククラスターの育成という考え方が、既存のクラスターを無視して無理やりにハイテク産業を誘致してこようという動きにつながることです。新しいクラスターや産業は既存クラスター間の重なりから出てきます。たとえば、ポーターは、マサチューセッツのＩＴ、医療、知識創造という既存の三つのクラスターの接点から新しい産業や企業が生まれたことを指摘しています。また、アメリカのカンザス州ウィチタでは、既存の航空機クラスターと石油クラスターの接点からプラスチッククラスターが生まれています。

したがって、クラスターの発展を考える際には、既存のクラスターを活かしていくことを目指すべきです。そして、ローテク産業、ハイテク産業といった区分を忘れる必要があります。問題は、産業の中でどのようにハイテクを使うかです。旅行やリゾート運営のようなホスピタリティクラスターやエンターテイメント、コンテンツといったクラスターにおいて、ＩＴ技術を使うことでさまざまなイノベーションが起こりうることを想像するのはそれほど難しいことではないと思います。

(5) クラスター発展が目指すべき方向

既存のクラスターを活かすというのは、自然に任せて何もしなくても良いという意味ではないことも確認しておく必要があります。アメリカのクラスターの調査で、多くの地方が限られた数のクラスターに依存しているという問題が明らかになりました。これはある特定の産業の浮き沈みに地方経済全体が引っ張られる状況が生じていることを意味しています。地方経済の発展にクラスターの幅を広げる努力が必要なのは言うまでもないでしょう。

クラスターの発展には時間がかかります。ノースカロライナ州のリサーチトライアングルと呼ばれる地域では、大学や研究機関を中心に意識的なクラスター形成が推進されました。一九五八年にリサーチトライアングルインスティテュートが開設されましたが、バイオ／ファーマクラスターが立ち上がってきたのは一九八〇年代後半になってからのことです。企業研究機関が十分な規模でオペレーションされるようになるまで約二〇年がかかっていますし、それが商業的な成果につながるまでにはさらに二〇年を要しています。いまなお、リサーチトライアングルは研究成果の商業化ではシリコンバレーなどの他のクラスターに比べると弱点を抱えています。クラスターの形成は一朝一夕にはできないことです。

4　クラスターの政策的な意味合い

(1)　政府の役割

ポーターは、クラスターを健全に発展させて、その競争力を保つことを、地域経済政策の中心に据えることを提唱しています。この考え方は幅広い層から関心を集めており、現実に適用されています。アメリカにおいては米国競争力委員会の下でマイケル・ポーターとモニターグループが行った「Clusters of Innovation」をはじめとして多くの調査プロジェクトが行われています。さらにはそうした調査に基づくクラスターの発展を目指したさまざまな取り組みが進められています。米国外でも、欧州、アフリカ、中近東、アジアの各国でクラスターの考え方が経済発展の取り組みに活かされています。

日本でもクラスターについての取り組みがさまざまな形で進められています。国主導の取り組みとしては、経済産業省が二〇〇一年から推進している「産業クラスター計画」と文部科学省が二〇〇二年に開始した「知的クラスター創成事業」があります。

こうしたクラスターを中心にしたアプローチが支持を集めている背景には、企業がグローバルな経済競争の中で勝ち残っていくためにイノベーションを活性化する必要があるという認識があります。そして、企業がイノベーションを試みて成功するかどうかに、クラスターの環境がどれくらい好ましいかが極めて重要なのです。

ポーターはクラスターの発展に対して政府が果たしうる役割について、図4−4のようにまとめています。ここで示されている役割は、政府の経済政策の伝統的な政策手段とは違いがあ

図４－４　クラスターのグレードアップに対する政府の影響

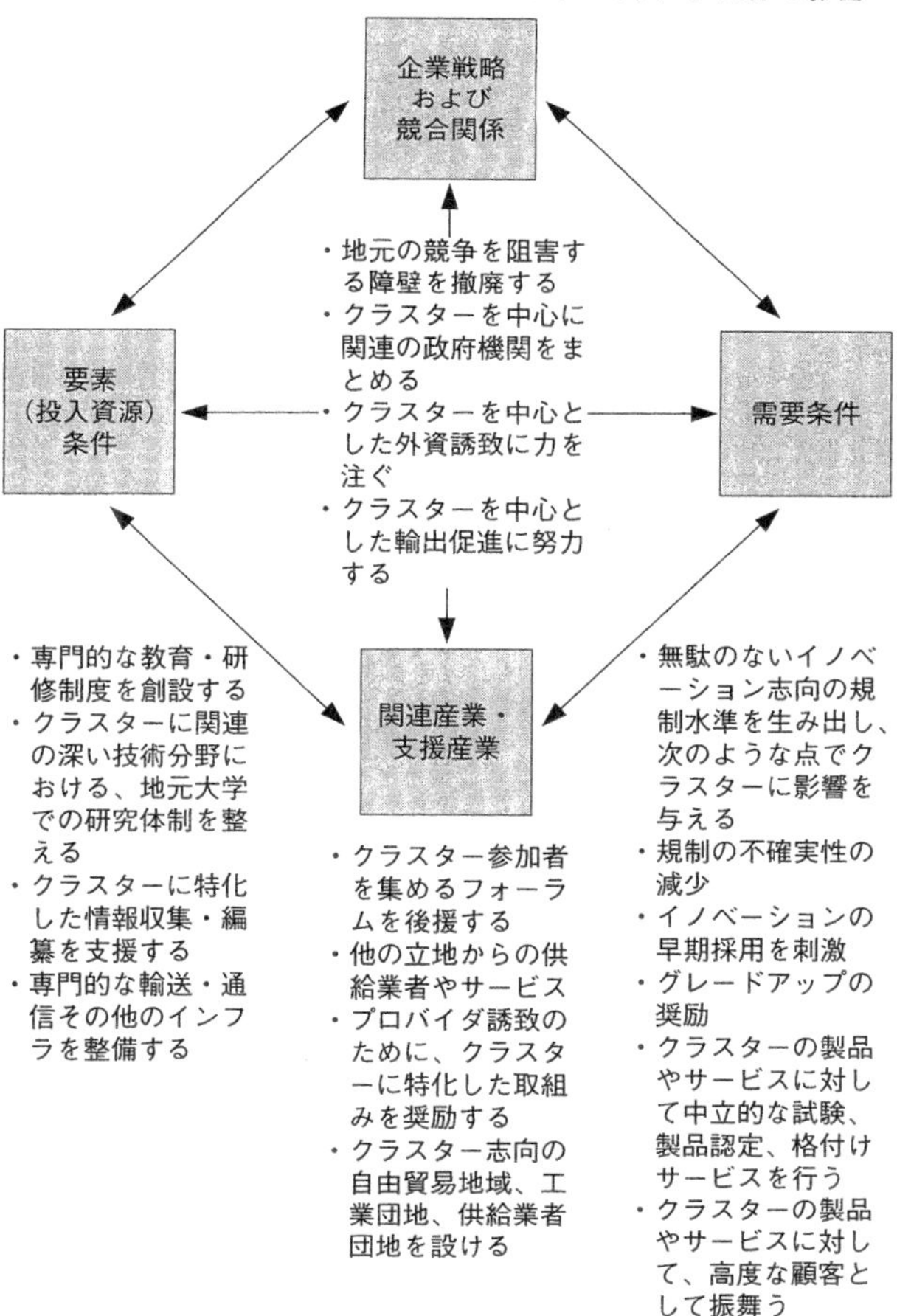

（出所）　マイケル・E・ポーター著、竹内弘高訳『競争戦略論Ⅱ』ダイヤモンド社

ります。企業が、より長期の競争にコミットできるような環境やインフラをつくることが政策の大きな柱になります。また、人材育成や先端的な知識の開発に積極的に関わることも重要です。先端的な製品の普及初期で政府が積極的な購買、導入を進めたり、高度な技術に進んでいくように規制を設定することも大きな役割です。アメリカの国防関連の購買による航空技術への波及効果、あるいは、日本の自動車業界に与えた環境関連の規制の役割が良い例です。

政府が果たしうる、もう一つの大きな役割は、地域の協力や情報交換を実現するフォーラムや協力機関を設立したり、運営していくことです。

海外のクラスターの調査では、クラスターの発展に地域協力機関が大きく貢献していることが確認されています。たとえば、マサチューセッツ・バイオテクノロジー・カウンシル（MBC）は一九八五年に地元のバイオテック企業のソフトボールリーグを起源としてつくられました。バイオ企業に共通する課題や問題点を議論し、解決策を探ることを目指しています。現在は、地元バイオ企業のネットワーキングのための大規模なカンファレンスの開催や共同購買の窓口、バイオ企業のための研修や広報、ロビーイングといった役割を果たしています。

政府がこうした地元企業の協力プラットフォームを作ることで、クラスターを構成する企業の懸念や問題をよく理解して対応策を考えたり、企業間の情報の流れを活発化することが、クラスターの発展に有効な取り組みだと考えられています。ピッツバーグでは一九九九年六月にペンシルバニア州の資金によってピッツバーグデジタルグリーンハウスという協力機関が設立されています。これは半導体のシステム・オン・チップ技術を活用した、デジタルマルチメディアとデジタルネットワーキング市場を活性化して、半導体クラスターを発展させることを目指したものです。ペンシルバニア州、ピッツバーグの地元企業、地元の三大学が主導して立ち上げ、民間の企業を地域に誘致し、企業活動を活発化することを狙っています。

(2)　クラスター政策の落とし穴

クラスターの発展について、政府と民間企業が協力して取り組んでいくときにどのような落とし穴があるでしょうか。企業側の大きな落とし穴は、競争について近視眼的な見方をすることです。クラスターの健全な発展につながらないような無理な価格競争や、競合の足を引っ張ることだけを目的にしたような施策も一つの例です。あるいは、地域への競合企業の参入に対する反対や、妨害もその例です。政府や大学・教育機関に対して企業のニーズをきちんと伝えないこともありがちな失敗です。

政府や経済発展に対して責任を持つような機関に共通しがちな問題もあります。クラスターの既存の強みや歴史的な経緯を無視した政策はよく見られます。先にも指摘したように典型的な問題はハイテク偏重にあります。

クラスターの環境を整備する際にもどうやってローテク産業を活性化するかを考える必要があります。たとえば、大学や研究機関への投資、特にクラスターの高度化に必要な知識やノウハウの創出のための投資を、ローテク産業にどう活かすかは重要な問題です。

投資やイノベーションを促進するための規制や税制も重要です。直接的に投資を促進するような施策を導入するだけでなく、企業にとって将来的な規制が変わるのではないか、という不確実性を取り除くことも必要です。地理的な範囲において既存の行政区分にとらわれることで経済圏の実態を見失ったり、政策責任の管掌によって大企業や中小企業のどちらかに偏った政策をとることもありがちな問題です。

(3) クラスター政策を成功させる要因

こうした問題点を避けながら、クラスター発展のための取り組みを推進するためにはどうすれば良いのでしょうか。大きくは三つの要件を考える必要があります。

第一は、経済発展についてのビジョンを共有することです。そのためには全てのステークホルダー（利害関係者）が関与した、きちんとしたコンセンサスを作り上げるプロセスが必要です。どのような優先順位で何に着手していくかを明確に決める必要があります。

このときの大事なポイントは、企業の戦略と同じでその地域独自のビジョンが必要だということです。地域にどのような強みがあり、どのような歴史的経緯を前提にしているかを活かしていく必要があります。「Clusters of Innovation」では調査対象となった地域ごとに、現在までの歴史的発展の経緯、現在の強み、直面している問題点によって取り組むべき課題や目指すべき方向が地域によって異なることを説明しています。たとえば、ピッツバーグでは、大学や研究機関といった地域の中核となりうる強みがあるにもかかわらず、それが十分には活かされていません。したがって、具体的な機会に向かってそのポテンシャルを活かすような取り組みに協力できるプラットフォームを用意することが重要なビジョンの一部となります。サンディエゴは、過去の成功の結果、現在のインフラにボトルネックが生じています。道路の混雑や生活費の上昇といった問題によって、優秀な人材にとっての働く場としての魅力度の低下が生じています。新しいビジョンでは、過去の成功を活かしながら、こうした問題にどう対応していくのかがその中心的なテーマになります。

第二の要件は、経済発展に取り組む枠組みや機関を公式のものとすることです。その中には、合意形成の仕組みや地域の有力企業のCEO（経営責任者）が参加するための場が必要になります。たとえば、マサチューセッツ州では経済成長および科学技術に関するマサチューセッツ州知事諮問委員会という機構を置いています。ここでは、州の経済発展の状況について定期的に調査、報告を行い、必要な政策についての提言を取りまとめています。州の重要な企業のリーダーや大学関係者、政府関係者が参加して、幅広い視点でクラスター発展に取り組んでいます。産業ごとの課題や重要な政策課題ごとの委員会やタスクフォースチームを置いて問題に取り組んでいます。

第三の要件は、こうした取り組みについてのコミットメントを確保していく、リーダーシップです。制度的な機関やビジョンも、それを体現して引っ張っていくリーダーがいなくなると求心力や推進力を失うのが残念ながら現実です。特に、企業のリーダーがこうした地域発展の視点から貢献を拡大していくことが重要です。

今後、企業や人材がどこに活躍の本拠地を置くかについての競争もますます激化することは明らかです。日本も本格的な人口減少時代を迎える中で、継続的なイノベーションを実現する場としての魅力度を高める必要があります。幅広い産業が高度化していくためにもクラスターという視点を意識したさまざまなアクションが必要になってくると思われます。

[V]

日本の競争戦略を考える

1　オペレーション効率の範囲を広げる

マイケル・ポーターと竹内弘高一橋大学大学院国際企業戦略研究科長は、*Can Japan Compete?*（邦題『日本の競争戦略』ダイヤモンド社）という本を二〇〇〇年に出版しています。ポーターは竹内教授とともに、日本の潜在的な強みを高く評価しつつ、日本企業が新しい強みを構築していく必要があることを指摘しています。

この本の中で、ポーターは日本企業が取り組むべき新たな課題として七項目を挙げています。表5―1に示してあるものです。失われた一〇年（あるいは、一五年）とも呼ばれる停滞期を脱する過程で、ポーターが挙げた課題の中で日本企業の取り組みが進展を見せたものもありますが、一方でまだまだ解が見えない課題も残っています。この章では、ポーターの指摘を手がかりとしながら、日本企業の競争力を高めるうえでの重要な課題が何か、そのためにどのような取り組みをすべきかを見ていきましょう。

もの造りにこれほどの強みを持っており、新製品開発競争でも先頭を争い、顧客に丁寧な対応をしてくれる日本企業が、なぜ低収益に甘んじているのか、という問題認識はポーターを含

表5－1　日本企業が取り組むべき新たな課題

①長期的視野に基づいた独自性のある戦略を立案する
②オペレーション効率の対象範囲を拡大する
③戦略における産業構造の役割を学ぶ
④経営目標を、成長性から収益性へ転換する
⑤関連性のない分野への多角化を止める
⑥日本型組織モデルを更新する
⑦国の経済発展における民間部門の新しい役割を構築する

（出所）　マイケル・E・ポーター、竹内弘高著、榊原磨理子協力『日本の競争戦略』ダイヤモンド社より筆者作成。

め多くの人に共有されています。長年にわたり自動車産業を中心に、日本企業の生産現場や製品開発を研究してきた藤本隆宏東京大学大学院経済学研究科教授も同じような問題を提起しています。一九九〇年代の日本企業の低迷期においても、日本企業の生産現場の効率は欧米企業をリードしていたという事実を、藤本教授は指摘しています。にもかかわらず、日本企業の収益性は概して低い水準にとどまっています。

(1)　多角化分野の整理

儲からないことをやっているからだ、というのは一つの大きな要因です。ポーターは、日本企業が成長率を重視するあまり、自社が優位を持たない分野であっても新規事業に参入する傾向があることを指摘しています。特に、一九八〇年代以降、国内産業の成熟化への危機感が高まり、バブル期に非関連分野への多角化が相次いだのは記憶に新しいところです。ポーターは、何らかの

「総合」企業であると多くの日本企業が自社を定義している様を皮肉っぽく指摘しています。

こうした多角化が数多くの不採算部門を作り出していることは、多くの人が認識しています。一定以上の規模の会社に勤務している方ならば、「なぜウチの会社があの事業をやっているんだ」という事業が自社に見当たらないほうが珍しいかもしれません。

バブル期の過剰債務を解消する過程で、日本企業は不採算事業からの撤退や切り離しを進めてきました。関連性のない分野への多角化を止めましょう、というポーターのアドバイスは日本企業の経営者にしっかり受け止められていると言って良いでしょう。こうした不採算部門見直しの徹底度合いが業績の差につながっているケースもあります。たとえば、総合電気と言われる業種の中では三菱電機が最も不採算事業からの撤退や切り離しを徹底してきた会社と言われています。二〇〇六年時点では、三菱電機は他の総合電気各社に比べて好調な業績を残しています。

(2) 売り方のイノベーションの必要性

では、本業の収益性は十分と言えるでしょうか。日本を代表するような企業でもまだ欧米のトップ企業との収益力には格差が残っているのが現状です。藤本教授は、この原因として、売上高に比較して本社費用や販売に関わる費用を含んだ販管費が高いことを挙げています。一方で、売上高から製造原価を除いた粗利益率は、欧米企業に見劣りしていません。つまり、製造現場での競争力に比較して、本社部門や販売部門の競争力が見劣りする可能性が高いのです。

ポーターは、この問題を「オペレーション効率の対象範囲を拡大する」こととして指摘しています。これは日本企業にとって非常に重要な課題です。

たとえば、販売チャネルも含めた売り方をどう効率化するか、という問題を考えてみましょう。顧客の手に製品が届くまでのトータルシステムの中で、広告宣伝や販売促進、販売チャネルが負担しているコストが極めて大きくなっています。スーパーやドラッグストアで売られるような日常消費財では、消費者が払う価格の中で、製造原価は一〇～二〇％程度でしかありません。もちろん価格帯や品目によって差はありますが、メーカーの本社費や広告宣伝費や販売チャネル関係のコストのほうが製造原価よりも大きいものがほとんどです。つまり、販売チャネルも含めて、どれだけ効率的な売り方やサービス提供の仕方を作り上げるかが、製造コスト以上にコスト競争力を決定するのです。

販売チャネルとの関係は多くの企業が重視しています。ただし、その際には、戦術的な課題として捉える傾向があります。もっと言うと、多くの会社で、販売チャネルとの関係は、ドロドロとした歴史を引きずっており、なかなか合理的な考え方が持ち込めない問題とみなされています。こうした前提に立てば、抜本的な変革を起こしにくいのが当然です。

しかし、同じくドロドロとした関係を引きずった部品サプライヤーとの関係を戦略的にうまく組み立てていることが、日本企業の生産面の強さを支えていることは紛れもない事実です。部品サプライヤーを設計段階から巻き込み、継続的なコストダウンを推進するパートナーとして扱うことで、日本企業は大きなメリットを実現してきました。

同様に、販売チャネルとの関係を戦略的なパートナーシップとして活用できるような企業は競争優位をもてる可能性があります。もちろんチャネルとの歴史や現状を無視したやり方はうまくいきませんが、大きな構想力を持って新しい関係を作っていくことを考えていく必要があります。

(3) コミュニケーションの再構築

売り方は、どうやって製品の良さを消費者に伝えるかというコミュニケーションと切り離すことができません。たとえば、製造コストを抑えて、低コストポジションを狙っている会社でも、なぜ安いのかを消費者に納得させることが重要です。安かろう悪かろうと思われれば、消費者は見向きもしません。コスト面での競争力と販売方法や消費者にどうやって製品の良さを理解してもらうかの仕組みがセットになったビジネスモデルが必要になってきます。

既存の販売チャネルや店頭での接点の問題は、顧客との接点全体の質をどうやって高めていくか、という問題の一環です。これは、日本企業にとっての大きなチャレンジであり、大きなチャンスでもあります。消費者のモノやサービスを見る目が肥えていく中で、従来型のマス宣伝だけで購買意欲を刺激することに限界があることは明らかになってきています。さまざまな工夫を凝らした新製品の良さを、狙った顧客にいかに効率的に伝えるかは多くの企業のマーケティング上の課題になっています。販売チャネルとの協力は、この問題への取り組み方の一つですが、それだけが解ではないでしょう。ウェブや携帯電話、あるいは、消費者のコミュニティといった新しいコミュニケーション方法をうまく使いこなした企業も競争優位を実現できる可能性があります。

こうした新しいコミュニケーションの仕組みの構築は、消費財メーカーだけの問題ではありません。たとえば、製薬会社のように医師という専門家を相手に対人チャネルで販売している会社でも、売り方についての新しい考えが必要になってきています。新薬のメリットを医師にきちんと伝えるという根本的な課題は過去から変わるものではありません。しかし、医療の進歩のスピードがますます加速する中で、医師が求める情報の質は高まっています。しかも医師がますます忙しくなる中で、製薬会社の営業が医師と会う時間を確保することは難しくなっています。従来型の営業との個別の面談で得られる情報だけでなく、ウェブ経由のコミュニケーションや勉強会での情報を重視する医師も増えてきてます。さらに、患者自身もさまざまな情報を集めて、どのような治療を求めるかについて医師に対して自らの希望を伝えるようになってきています。製薬会社として情報を発信すべき相手やチャネルに大きな変化が生じてきています。

こうした変化は多くの業界で共通しています。経営者としては、売り方、顧客とのコミュニケーションチャネルについてイノベーションを優先課題として取り組むことを真剣に考えるべきでしょう。

(4) 組織の決断力

売り方は、ポーターが挙げているオペレーション効率の対象範囲の一部です。ポーターは、販売やマーケティングの分野に限らず、広くホワイトカラー全般を含めて議論しています。日本企業のホワイトカラーの効率が低いことはよくやり玉に挙げられますが、定常的な事務処理がそれほど非効率なわけではありません。定常的なプロセスとして定義されている問題については、まさに生産と同様にオペレーション効率的な改善が進められていると言えるでしょう。

ところが、判断の絡んだ業務では問題が生じています。売り方のように、どれだけの成果が上げられるか、という問題と組み合わさったときには問題はより複雑になってきます。ホワイトカラーの仕事の中で重要であり、かつ、手間を食うのは、こうした判断の絡んだ業務であり、成果が問われる業務です。

新製品の企画をどうするか。この四半期の販促政策をどうするか。競合の価格政策にどう対応するか。業績の悪い支店にどうテコ入れをするか。定常的な業務が効率的に回っていても、こうした非定常業務が発生するごとに組織の動きが停滞していては結果的にはコスト高になってしまいます。あるいは適切な解が見つからなければ、組織全体の成果が落ちてしまいます。

筆者の勤務しているモニターグループがアメリカの上場企業の管理職を対象にした調査を行った際に、経営計画の策定、製品開発、マーケティング施策の策定と実行といったホワイトカラーが取り組むプロセスについて、その改善に何が役に立つかを挙げてもらいました。ここでも上位にきたのは、「意思決定に役立つ情報やデータへきちんとアクセスできるようにする」「何が決まってそれがなぜなのかをきちんとコミュニケーションする」「意思決定者間の議論の質を改善する」といった、意思決定に関する項目でした。ホワイトカラーの効率改善のためには、プロセスの簡素化といった取り組み以上に、意思決定の仕組みや質を改善することが重要なのです。

ポーターの指摘しているオペレーション効率とは、生産現場の外でもオペレーションを改善して効率的に物事を処理できるようにしなさい、という意味ではなく、成果を上げられるようなホワイトカラー組織を作りなさい、という意味だと捉えるべきでしょう。あいまいなまま物事を進めずに、白黒をはっきりさせる、意思決定がここで決まるという場を設定する、意思決定の基準を明確にし、必要なデータを集めてくる、といったことが必要です。これは意思決定を軸にして、組織の中のスキルや組織の動き方、文化を変えていくことにつながります。

2　日本企業の独自性を活かす

オペレーション効率だけでは勝てないというのは、ポーターが最も強調していることの一つです。ポーターは、日本企業は戦略を学ぶ必要がある、という助言を送っています。

これを、日本企業もアメリカ企業のようになりなさい、というメッセージであるとか、あるいは、何か楽してうまい仕掛けで儲ける方法を考えなさい、というメッセージであると受け取って、反発される方もあるようです。

これは、ポーターの助言ではありません。ポーターが言っているのは、日本企業は自らの独自性を活かした選択をしなさい、ということです。自らの独自性が何なのか。それを市場での強みに活かすために何をしなければならないのか。この問いに対して、各企業は答えを見つける必要があります。

この答えは各企業ごとに違うはずであり、一般論で語るのはおかしなことですが、あえて、家電産業という一般論を例にとって日本企業の強みの手がかりを探ってみましょう。家電産業は一九八〇年代半ばまで、文句なしに世界一の競争力を誇っていましたが、現在は、収益性の向上に苦しみ、韓国勢に一部逆転を許す状況となっています。

(1)　日本の家電メーカーの戦略の特徴

伝統的な家電産業の戦略ポジションはどのようなものだったのでしょうか。また、この伝統的なポジションのどこに問題が生じたのでしょうか。当然、この議論には大幅な一般化が含まれており、個別企業では違いがあることには注意してください。

家電メーカーの基本的な戦略の第一の特徴は、高い家庭普及率が見込まれるマス市場向けの製品を均質に高効率で大量に生産することです。この勝ちパターンを活かして、日本企業は大きな成果を達成してきました。将来的に成長が見込まれる大市場に各企業が一斉に参入するのも、それが勝ちパターンとして深く刷り込まれているからでしょう。

第二の特徴は、高機能を狭いスペースや小さい製品で実現するようなハイテク化、ミニチュア化です。ビデオカメラ、ゲーム機、携帯電話、ＤＶＤレコーダーといった幅広い製品群で、このサイズの製品でこれだけの機能を達成するのか、という驚きを日本企業は実現してきました。

第三の特徴は、痒いところに手が届くような、気配りの行き届いた製品設計です。世界で一番厳しい消費者に対して中途半端な製品を導入することは自殺行為です。ボタンの押し心地から始まって、さまざまな使い方を想定した機能群に至るまで、日本製の製品の細部へのこだわりは際立っています。

(2) 従来の戦略の限界

こうした戦略は一九八〇年代までは有効に機能してきました。ところが、一九九〇年代に入って、オペレーション効率に任せた不毛な消耗戦に陥ってきています。フルラインを目指しての戦線拡大。高機能化競争の結果出てくる製品は各社似通ったものばかり。製品の差別化ができないままに陥る価格競争。対策として打ち出されるのは、人員削減、宣伝費や販促費の削減といったその場しのぎのコスト削減策。縮小均衡を避けるために目をつける新市場には各社一斉に参入。かくして、たどるはいつか来た道。

こうした問題を避けるために、他社との直接競合を避けたり、ニッチ戦略をとるのを日本の経営者は好まないのが一般的です。そうしたアプローチは日本企業の従来の勝ちパターンと根本的に異なりますし、「未来の主戦場で戦うことが組織の能力を上げることにつながる。戦う前からギブアップを認めることはよろしくない」という発想が日本の経営者には強いようです。

しかし、日本企業の勝ちパターンがなぜ有効性を失っているかをよく認識する必要があります。まず生産効率や技術の差別化のみでは、参入障壁となりえないという現実です。各社の技術格差が縮まり、また、トータルコストの中での生産コストの比重が低くなる中で、規模を大きくすることでコスト優位を築き勝っていこうという戦略は成り立ちません。必ず追随してくる競合があり、コストダウンが価格低下につながってしまいます。

こうした状況下で、未来の主戦場で戦うことにこだわるメリットは小さなものです。それよりもポーターが薦めるように、競争要因の整った良い市場を見つけて戦うことを考える必要があります。

(3) 独自性の再定義

その際には、従来の強みであった高機能と使い勝手を定義し直すことも同時に進める必要があります。多くの家電メーカーで、全ての顧客を対象として製品を設計しながら、高機能化を図った結果、誰かに必要な機能であれば残さず盛り込もうという設計になりがちです。そのため、誰にとっても使いにくい製品が多く出てきています。つまり、マス向け製品のまま高機能を詰め込んでいった結果、使い勝手とのバランスが著しく崩れるという問題が生じています。

家電メーカーは、マス向けの製品を作っていれば誰かが買ってくれるだろう、という発想ではなく、狙いを定めた顧客にとって最も使いやすい製品を開発して販売するというやり方に変える必要があります。さらには、狙いを定めた顧客に自社製品の良さをわかってもらう売り方に変える必要があります。顧客のターゲットを明確にして、その顧客セグメントに注力することは、ブランド構築や顧客ロイヤルティの構築にも役立ちます。

顧客セグメントを絞ることの必要性はわかっていても、それができないという企業は少なくありません。障害になるのは、選ぶということの難しさです。ある顧客セグメントにフォーカスするということはターゲットとしない顧客セグメントを作るということです。セグメントを広く定義しすぎることも、結局は特色を出せないことにつながってしまうので意味がありません。しかし、多くの企業が顧客セグメントを狭く定義するというリスクがとれないまま、明確な意思決定を下せないでいます。

この問題に対して、経営者としては、自社の伝統的な強みに回帰しながら明確なビジョンを示す必要があります。まずは、現在の強みに徹底的にこだわることを明らかにすべきです。ハイテク化、ミニチュア化、使いやすさにこだわった製品設計といった良さを、狙った顧客層に最適化していく必要があります。技術をユーザーのために活かすためのこだわりが大事です。そうすることで、顧客を選ぶということの重要性が伝わりやすくなります。「忙しいビジネスパーソンのためにこういった使い勝手の良い製品を開発しよう」「これこれにこだわるユーザーのための製品を開発しよう」といった方向性が打ち出せます。

こうした顧客のターゲット、何らかの特徴のあるベネフィットやメリット、特徴のある売り方を実現することで、模倣をする際にリスクが大きくなったり、競合の既存のポジションとの矛盾が生まれたりします。結果として、無駄な消耗戦が防げることになります。

低価格品でもやはりビジョンが必要です。ある消費財メーカーでは、ほとんど手をかけていない低価格品が最も儲かっていました。この製品は開発段階で明確なコストターゲットを設定して設計されました。また、製品の特徴もわかりやすいものだったので、販売チャネルにとっても説明のしやすい、売りやすいものでした。製品の知名度は低いのですが、固定的なユーザーに根強く売れる製品になっていました。

こうした製品をそのままほうっておくのはもったいないことです。だからといって、闇雲に広告宣伝や販促費を投入して売上を伸ばそうとしたら、折角のコスト構造や強みが十分に活かせません。事業のバランスが崩れてしまいます。

この製品の低コストポジションやわかりやすい製品の特徴を活かすために、現在のロイヤルユーザーを見つけて、このセグメントへの浸透を図ったりその周辺にひろげていくことがこの事業の戦略の柱になってきます。経営者としては、この事業に関わる関係者に対して、全ての知恵と工夫を、狙ったセグメントをつかまえること、そのためのイノベーションを推進することに注ぎ込むように求めるべきです。特に、低コストで製品の良さを伝えるコミュニケーション方法を見つけ出すように求めていく必要があります。

ある点にフォーカスしたイノベーションの努力を積み重ねることが、自社の戦略ポジションを築き上げていくことになります。これからの日本企業は、低コストポジションを狙っていく場合でも、従来型のマス大量生産での低コスト戦略を狙うのでなく、あるセグメントについて低コストを達成する仕組みを作って、それを継続的に進化させていくことが必要です。繰り返しになりますが、自らの独自性を活かし、それを進化させていく経営こそが、日本企業に求められていることです。それはアメリカ企業のまねをせよ、ということでは決してありません。

二〇〇六年のサッカーのワールドカップ後に、「日本代表を日本化する」ということが言われ始めています。ブラジルやイタリアといったサッカーの先進国はそれぞれ独自のサッカーのスタイルを持っています。それに対して、日本が物まねをしても決して追いつけない、というのです。一方で、日本のサッカーの特徴もあると言われています。たとえば、スピードであるとか、組織としての忠実な守備です。これを活かしたサッカーのスタイルを築き上げることが、日本のサッカーを強化する近道だというのです。

こうした考え方はとても大事です。ビジネスの場合はもっと自由度が大きいはずです。不得意な戦いを挑む必要はありません。もちろん市場のニーズを満たす必要はありますし、競争要因の中で押さえるべき点は押さえる必要があります。自らの独自性を活かすための新たな挑戦も必要です。しかし、自らの独自性についてまずは明確な選択をして、それを組織に伝えていくことが経営者の責務です。

3　グローバルな産業構造の変化に対応する

ポーターは日本の経営者は、業界構造をよく理解して戦略を立てるべきだと指摘しています。非常に当たり前でもっともな指摘なのですが、確かに日本企業では業界の収益性を決定する要因が何で、自社が高収益の条件を満たすことができるのかについての検討が甘いことがよくあります。また、多くの業界において、一九九〇年代半ばから競争要因の変化が生じていますが、その変化の意味を突っ込んで議論していないケースも多く見られます。特に、グローバル化の進展によって日本企業のグローバル戦略は大きく見直される必要があります。

大きな構造変化の一つは、多くの業界において参入障壁や競争優位の源泉として、規模の経済の重要性が下がっていることです。これにはさまざまな要因が働いています。グローバル化の進展によって、企業成長の早い段階からグローバル市場を狙った製品戦略や販売戦略をとることが可能になっています。規模拡大のための資金を資本市場から調達することも可能です。つまり従来に比べると、規模の経済を狙った企業が複数参入してきて、戦いを続ける可能性が大きくなっているのです。

もう一つの大きな変化は、最終製品を生産することが必ずしも利益につながらなくなっていることです。情報技術の進歩や消費者、ユーザーの知識レベルが上がってきた結果、さまざまなサービスや製品をばらばらに買って組み合わせて使うことが可能になっています。一方で、そうしたややこしさを嫌うユーザーのために、外部から製品やサービスを調達してきて組み合わせてソリューションとして提供することも可能になっています。つまり、これまでの垂直に統合されていた業界がばらばらになり、業界という定義自体が難しくなってきています。

金融業界やIT業界が典型です。金融業界では、グローバルに規制緩和が進展した結果、ワンストップで全ての金融ニーズを満たすことを目指した巨大な金融コングロマリットが成立する一方で、ブティック型の専門サービス会社もつぎつぎと生まれています。あるいは、金融企業に対して特化したアウトソーシングサービスを提供する企業も増えています。IT業界を見ても、従来の総合型のコンピューターメーカーではなく、ハードウェア、OS、ネットワーク、サービス会社など、個別の分野に特化した企業が繁栄しています。

こうした二つの変化は何を意味しているのでしょうか。

一つは規模の経済で戦うことのリスクは大きく、その際にはグローバル市場を対象とすることが必須であることです。この視点からは、規模の経済での戦いの典型の一つである液晶ビジネスにおいて、海外市場で弱みを抱えたシャープがどのようにそのギャップを埋めていくかに注目する必要があります。

もう一つは、こうした規模の経済での競争を避けるのであれば、ローカルごとの競争をきちんとしていく必要があります。ローカルの顧客をきちんと理解して、ローカルでの売り方の革新を進めることが必須です。さらに、自社の製品やサービスをブランド化していくことも考えるべきです。

日本企業はバブル期にグローバル化の次のステージへ進む大きなチャンスを逃しています。この時期に、国内市場の成熟化に直面した多くの日本企業が、経営や人材そのものをグローバル化していくよりも、投資的なアプローチでの海外参入を進めたり、国内での多角化を選択しました。本当の意味での経営のグローバル化を達成している企業はごく少数にとどまっています。トヨタはその少数の企業に入るでしょう。たとえば、コマツの多角化事業への投資とキャタピラーの開発途上国への投資の状況の差を振り返ると、大きなチャンスを逃した感は否めません。あるいは、日本の大手の電機メーカーはパソコンと携帯電話という大きな市場の立ち上り期に日本独自の仕様への対応に追われ、グローバル市場での存在感をなくしていきました。

いま、日本企業は本当の意味でグローバルな経営を推進して、ローカルな顧客ニーズに対応できる能力を構築することが必要です。

最後に、グローバル化、業界の細分化の結果、企業がどのような戦略ポジションをとるかについての自由度が広がっていることを強調しておきます。消費財メーカーであれば、グローバルに上位一〇〇都市を選んで、その特定セグメントを狙った製品でブランドを構築するという戦略も十分に可能です。あるいは、最終製品でなく、自社の技術やノウハウの一部をサービス化してある特定分野に特化したサービスをB-to-Bで提供することも可能です。従来のように国内市場を相手に垂直統合型で事業を立ち上げるモデルにこだわらず、幅広いビジネスモデルを検討することが今後欠かせなくなっていくでしょう。

4　新しい組織モデルを作る

ポーターと竹内弘高教授は、日本企業が新しい組織モデルを必要としていることを指摘しています。そこでは、リスクをとることを奨励するようなインセンティブの仕組みの改革、コーポレートガバナンスの改革、革新的な意思決定ができるリーダーシップの確立、より柔軟な組織構造、といった課題が挙げられています。これらの課題については、多くの人が重要性を認めており、実際に改革が進んでいる部分もあります。

インセンティブの仕組みで言うと、日本企業のリストラ過程で人材の流動化が進み、多くの会社がより明示的な成果主義を導入しています。また、非中核労働者についてはパート化、契約社員化が徹底されています。結果として、年功序列や平等主義といったポーターが批判している日本の組織の特色は急速に薄れています。

コーポレートガバナンスについても日本型のモデルが生み出されるには時間がかかるかもしれませんが、問題の重要度は広く認識されています。社外取締役の導入や株主の権利の侵害に対する強い反発に見られるように変化は起きつつあります。

最も重要であり、進展が遅れている問題は、意思決定の仕組みの整備と決断を下す能力の改善だと、筆者は個人的には考えています。意思決定の改善には、誰が決めるかの責任の明確化や必要なデータや情報がきちんと意思決定者の手に入る仕組みやシステムが必要です。また、決断を求める担当者に対して、あるいは、自らの判断と異なる意見を唱える人に対して、事実や論拠を明確にすることを求め、なぜ意見の違いが発生しているかを徹底して論じることも必要になります。こうした議論やその検証ができる人材を育てるとともに、組織内のコミュニケーションを変えることが欠かせません。

ここまでの三つの項目は、企業の競争力にとって必要条件と言えるでしょう。最低限の要求水準に達しない企業は競争からふるい落とされることになります。一方で、それを実現するだけでは競争優位にはつながりません。これに対して、より柔軟な組織構造は競争優位につながりうる項目だと思っています。

組織構造が競争優位につながる良い例はトヨタです。トヨタが実現しているような組織、すなわち外部のサプライヤーやディーラーを戦略的なパートナーとして統合しているような組織は、独自の活動システムであり、戦略の根幹です。トヨタのコスト構造や多モデルの展開、高い品質は、こうした外部サプライヤーとの柔軟な取引構造で支えられてきました。ポーターが指摘しているように、どのような活動システムを実現しているかが戦略ポジションであり、どのように組織が動いているかもその一環です。

日本メーカーが、部品サプライヤーと持っているような柔軟な取引構造をさらに発展させて、より大きなレベルで独自の組織モデルを確立できれば、それは大きな競争優位につながるはずです。従来の日本企業の組織モデルは長期間の雇用や取引を続けることであり、オペレーションの仕方や製品設計の考え方をすり合わせることに強みがありました。どちらかといえば、インフォーマルな情報交換を密接にもつことによって、阿吽の呼吸での連係プレーを可能として、外部のリソースをオープンかつ柔軟に組み込んでいくことは苦手だったと言えるでしょう。

これに対して、アメリカ企業はより仕事の中身をマニュアル的に規定して、外部から短期でリソースを調達してくることが得意でした。現在、多くの産業が、垂直統合的に全てのサービスを提供する企業が中心の構造から、特定の機能に特化した企業が集まる細分化した構造に変わりつつあります。大手企業も特化した企業と連携してサービスを提供するのが通常です。たとえば、金融においてもワンストップ化した巨大な金融コングロマリットが特化した企業の提供する金融商品を販売するような形態です。ＩＢＭは外部のソフトやハードを組み合わせて統合したソリューションを提供しています。

外部の特化した企業の活力を活用するオープンな組織運営の下で、高度なすり合わせ型のオペレーションや製品（サービス）設計を実現するのが、日本企業にとっての一つの大きな目標になるでしょう。その場合には、ＩＴを活用した情報共有、プロジェクトマネジメントの質の向上、パフォーマンスのトラッキングやインセンティブの仕組みの工夫、といった要素がカギになるとは予測できます。

こうした組織上のイノベーションは何らかの具体的な事業上の課題を解決する過程で発生するのが通常です。先に議論してきた新しい売り方や製品のコミュニケーションをどう実現するか。ハイテク化と使いやすさを実現するような、特徴のある事業モデルをどう組み立てるか。こうした戦略的な課題がドライバーになるかもしれません。あるいは、団塊世代の退職に伴ってどのように技能やノウハウの伝承を進めるか。フリーター世代をどのように再度中核労働力に組み込むか、といった人の供給サイドの問題が引き金になるかもしれません。グローバル化への対応、グローバル人材の育成も重要な引き金でしょう。

事業課題への対応を組織能力の飛躍的な向上につなげていくこと、また、組織の中で起こりつつある変化に目を配って、それを戦略的に徹底して活かしていくことを、経営者にとっての重要課題として意識する必要があります。

5　新しい産業インフラを作る

ここまで主に企業がどう変わるべきかを論じてきました。では、競争力のある企業を支えるために政府はどのような役割を果たすべきでしょうか。ポーターと竹内教授はここでも七項目の提言をしています（表5―2）。これらの項目の重要性についてはすでに認識されていることだと思います。

ここでは、クラスターの発展に関する二つのポイントだけ付け加えておきたいと思います。

一つは、クラスター的な考え方を幅広い分野で活かしていくことです。特に、クラスターの要素条件を高度化して、健全なイノベーション競争を活性化していくことは極めて重要です。たとえば、旅行やホテル、観光といった産業を束ねたホスピタリティクラスターがあります。これは想像する以上に大きなクラスターです。すぐに考えられるITを活用した効率化以外にも、マーケティング方法の高度化の可能性があるでしょう。外部のプロ集団を活用して施設やイベントの内容を見直すこともありえます。ホスピタリティの事業を経営できる人材の育成も大事です。食材や資材、メンテナンスサービスの共同購入の可能性もあります。立地間の人の融通やバイト人材の教育といった、労働力の流動化や高度化のためにできることももっとあるはずです。

こうした一般的にはローテクとみなされているクラスターの競争力を高めることが日本企業の競争力の強化には重要な課題になり、そのためには、やはり独自性を持ったビジョンが必要になります。これが二つ目のポイントです。企業が独自性を活かすことを考えるように、各地方が自らの特色を活かした戦い方を考えるべきです。

たとえば、バイオクラスターを立ち上げようという試みは各地で取り組まれています。日本

表5－2　競争力のある企業を支えるための政府の役割

①日本はたいがいの分野で競争することができるということを信じよ
②貿易自由化が日本企業の国際競争力の低下ではなく、向上につながることを認識する
③世界に通用する大学制度を構築する
④時代遅れの非効率な国内産業分野を近代化する
⑤真の企業責任を追及する制度を構築する
⑥イノベーションと企業活動に関する新しいモデルを構築する
⑦国際競争に勝ち抜くための地方分権化、産業集積、クラスター構築を目指す

（出所）　マイケル・E・ポーター、竹内弘高著、榊原磨理子協力『日本の競争戦略』ダイヤモンド社より筆者作成。

全体としてもバイオ産業が重要であることは間違いありません。しかし、日本の医療がどのような強みと弱みを持っていて、どのようなビジョンで海外の立地と戦うかというビジョンの議論はまだまだ十分とは言えないようです。

日本の医師は安全性にうるさいと言われています。では、医師や患者のニーズに高いレベルで応えるために、ITを徹底的に活用して、あるいは、個人ごとに薬の効き方や副作用を予測する技術の開発を徹底的に推し進めることで、日本の特色を作る、というビジョンを打ち出したらどうでしょうか。

こうしたビジョンに賛同する医療機関や関係者はたくさんいるはずです。政府としては、ビジョンの実現に向けて基準を設定したり、ボトルネックを取り除いたり、適切なインセンティブを導入することができるはずです。規制の設計によっては、産業の発展を阻害するのではなく、促進するようにすることもできるはずです。

他国の制度や成功例をそのまま持ってくるのではなく、日本の独自性をもった、かつ、活力のある将来像を描くという構想力が大事です。さらに、その前提になるのは日本が独自の強みを持てるということ、「日本が競争できる」ことを信じること、自信を持つことが大事ですということで、ようやく「失われた一〇年」を後にしつつも、まだまだ自信回復にまで至っていない日本人と日本企業に対して、"Yes, Japan Can Compete!"と呼びかけて筆を置くこととします。

日経文庫案内 (1)

〈A〉 経済・金融

1	経済指標の読み方(上)	日本経済新聞社
2	経済指標の読み方(下)	日本経済新聞社
3	貿易の知識	小峰隆夫
5	外国為替の実務	三菱UFJリサーチ&コンサルティング
6	貿易為替用語辞典	東京リサーチインターナショナル
7	外国為替の知識	国際通貨研究所
8	金融用語辞典	深尾光洋
14	手形・小切手の常識	井上俊雄
15	生命保険の知識	ニッセイ基礎研究所
18	リースの知識	宮内義彦
19	株価の見方	日本経済新聞社
21	株式用語辞典	日本経済新聞社
22	債券取引の知識	堀之内・武内
24	株式公開の知識	加藤・松野
26	EUの知識	藤井良広
30	不動産評価の知識	武田公夫
32	不動産用語辞典	日本不動産研究所
33	介護保険のしくみ	牛越博文
34	保険の知識	真屋尚生
35	クレジットカードの知識	水上宏明
36	環境経済入門	三橋規宏
38	デリバティブの知識	千保喜久夫
40	損害保険の知識	玉村勝彦
42	証券投資理論入門	大村・俊野
44	証券化の知識	大橋和彦
45	入門・貿易実務	椿弘次
46	PFIの知識	野田由美子
47	デフレとインフレ	内田真人
48	わかりやすい企業年金	久保知行
49	通貨を読む	滝田洋一
51	日本の年金	藤本健太郎
52	石油を読む	藤和彦
53	株式市場を読み解く	前田昌孝
54	商品取引入門	日本経済新聞社
55	日本の銀行	笹島勝人
56	デイトレード入門	廣重勝彦
57	有望株の選び方	鈴木一之
58	中国を知る	遊川和郎
59	株に強くなる 投資指標の読み方	日経マネー
60	信託の仕組み	井上聡
61	電子マネーがわかる	岡田仁志
62	株式先物入門	廣重勝彦
63	排出量取引入門	三菱総合研究所
64	FX取引入門	廣重・平田
65	資源を読む	柴田明夫・丸紅経済研究所
66	PPPの知識	町田裕彦
67	エネルギーを読む	芥田知至
68	アメリカを知る	実哲也
69	食料を読む	鈴木・木下
70	ETF投資入門	カン・チュンド
71	レアメタル・レアアースがわかる	西脇文男

〈B〉 経営

9	経営計画の立て方	神谷・森田
11	設備投資計画の立て方	久保田政純
13	研究開発マネジメント入門	今野浩一郎
17	現代の生産管理	小川英次
18	ジャスト・イン・タイム生産の実際	平野裕之
23	コストダウンのためのIE入門	岩坪友義
25	在庫管理の実際	平野裕之
28	リース取引の実際	森住祐治
30	会社のつくり方	成毛眞
32	人事マン入門	桐村晋次
33	人事管理入門	今野浩一郎
34	能力主義人事の手引	竹内裕
36	賃金決定の手引	笹島芳雄
38	人材育成の進め方	桐村晋次
41	目標管理の手引	金津健治
42	OJTの実際	寺澤弘忠
43	管理者のためのOJTの手引	寺澤弘忠
47	コンサルティング・セールスの実際	山口弘明
48	新入社員のための営業マン入門	山口裕
49	セールス・トーク入門	笠巻勝利
51	リサイクルの知識	萩原・指田

53 ISO9000の知識 中條武志
56 キャッシュフロー経営入門 中沢・池田
57 NPO入門 山内直人
58 M&A入門 北地・北爪
61 サプライチェーン経営入門 藤野直明
63 クレーム対応の実際 中森・竹内
64 アウトソーシングの知識 妹尾雅夫
65 グループ経営の実際 寺澤直樹
66 人事アセスメント入門 二村英幸
68 人事・労務用語辞典 花見忠・日本労働研究機構
70 製品開発の知識 延岡健太郎
71 コンピテンシー活用の実際 相原孝夫
73 ISO14000入門 吉澤正
74 コンプライアンスの知識 高巖
75 持株会社経営の実際 武藤泰明
76 人材マネジメント入門 守島基博
77 チームマネジメント 古川久敬
78 日本の経営 森一夫
79 IR戦略の実際 日本IR協議会
80 パート・契約・派遣・請負の人材活用 佐藤博樹
81 知財マネジメント入門 米山・渡部
82 CSR入門 岡本享二
83 成功するビジネスプラン 伊藤良二
84 企業経営入門 遠藤功
85 はじめてのプロジェクトマネジメント 近藤哲生
86 人事考課の実際 金津健治
87 TQM品質管理入門 山田秀
88 品質管理のための統計手法 永田靖
89 品質管理のためのカイゼン入門 山田秀
90 営業戦略の実際 北村尚夫
91 職務・役割主義の人事 長谷川直紀
92 バランス・スコアカードの知識 吉川武男
93 経営用語辞典 武藤泰明
94 技術マネジメント入門 三澤一文
95 メンタルヘルス入門 島悟
96 会社合併の進め方 玉井裕子
97 購買・調達の実際 上原修
98 中小企業のための事業承継の進め方 松木謙一郎
99 提案営業の進め方 松丘啓司
100 EDIの知識 流通システム開発センター
101 タグチメソッド入門 立林和夫
102 公益法人の基礎知識 熊谷則一
103 環境経営入門 足達英一郎
104 職場のワーク・ライフ・バランス 佐藤・武石
105 企業審査入門 久保田政純
106 ブルー・オーシャン戦略を読む 安部義彦

〈C〉会計・税務

1 財務諸表の見方 日本経済新聞社
2 初級簿記の知識 山浦・大倉
4 会計学入門 桜井久勝
12 経営分析の知識 岩本繁
13 Q&A経営分析の実際 川口勉
18 月次決算の進め方 金児昭
21 資金繰りの手ほどき 細野康弘
23 原価計算の知識 加登・山本
30 英文簿記の手ほどき 小島義輝
31 英文会計の実務 小島義輝
37 入門・英文会計(上) 小島義輝
38 入門・英文会計(下) 小島義輝
41 管理会計入門 加登豊
46 コストマネジメント入門 伊藤嘉博
47 連結納税の知識 玉澤・上原
48 時価・減損会計の知識 中島康晴
49 Q&Aリースの会計・税務 井上雅彦
50 会社経理入門 佐藤裕一
51 企業結合会計の知識 関根愛子
52 退職給付会計の知識 泉本小夜子
53 会計用語辞典 片山・井上
54 内部統制の知識 町田祥弘
55 予算管理の進め方 知野・日高
56 減価償却がわかる 都・手塚

〈D〉法律・法務

3 部下をもつ人のための人事・労務の法律 安西愈
4 人事の法律常識 安西愈
6 取締役の法律知識 中島茂

8 担保・保証の実務 岩城謙二
11 不動産の法律知識 鎌野邦樹
13 Q&Aリースの法律 伊藤・川畑
14 独占禁止法入門 厚谷襄児
15 知的財産権の知識 寒河江孝允
18 就業規則の知識 外井浩志
19 Q&A PLの実際 三井・相澤
20 リスクマネジメントの法律知識 長谷川俊明
21 総務の法律知識 中島茂
22 環境法入門 畠山・大塚・北村
24 株主総会の進め方 中島茂
25 Q&A「社員の問題行動」対応の法律知識 山田秀雄
26 個人情報保護法の知識 岡村久道
27 倒産法入門 田頭章一
28 銀行の法律知識 階・渡邉
29 債権回収の進め方 池辺吉博
30 金融商品取引法入門 黒沼悦郎
31 会社法の仕組み 近藤光男
32 信託法入門 道垣内弘人
33 労働契約法入門 山川隆一
34 労働契約の実務 浅井隆
35 不動産登記法入門 山野目章夫
36 保険法入門 竹濵修

〈E〉 流通・マーケティング

4 流通用語辞典 日本経済新聞社
5 物流の知識 宮下・中田
6 ロジスティクス入門 中田信哉
13 マーケティング戦略の実際 水口健次
16 ブランド戦略の実際 小川孔輔
17 マーケティング・リサーチ入門 近藤光雄
20 エリア・マーケティングの実際 米田清紀
22 店頭マーケティングの実際 大槻博
23 マーチャンダイジングの知識 田島義博
28 広告入門 梶山皓
29 広告の実際 志津野知文
30 広告用語辞典 日経広告研究所
32 マーケティングの知識 田村正紀
33 商品開発の実際 高谷和夫
34 セールス・プロモーションの実際 渡辺・守口
35 マーケティング活動の進め方 木村達也
36 売場づくりの知識 鈴木哲男
38 チェーンストアの知識 鈴木豊
39 コンビニエンスストアの知識 木下安司
40 CRMの実際 古林宏
41 マーケティング・リサーチの実際 近藤・小田
42 接客販売入門 北山節子
43 フランチャイズ・ビジネスの実際 内川昭比古
44 競合店対策の実際 鈴木哲男
45 インターネット・マーケティング入門 木村達也
46 マーケティング用語辞典 和田・日本マーケティング協会
47 ヒットを読む 品田英雄
48 小売店長の常識 木下・竹山
49 ロジスティクス用語辞典 日通総合研究所
50 サービス・マーケティング入門 山本昭二
51 顧客満足［CS］の知識 小野譲司
52 消費者行動の知識 青木幸弘

〈F〉 経済学・経営学入門

1 経済学入門（上） 篠原三代平
2 経済学入門（下） 篠原三代平
3 ミクロ経済学入門 奥野正寛
4 マクロ経済学入門 中谷巌
7 財政学入門 入谷純
8 国際経済学入門 浦田秀次郎
9 金融 鈴木淑夫
10 マネーの経済学 日本経済新聞社
12 産業構造入門 小野五郎
13 産業連関分析入門 宮沢健一
15 経済思想 八木紀一郎
16 コーポレート・ファイナンス入門 砂川伸幸
22 経営管理 野中郁次郎
23 経営戦略 奥村昭博
25 現代企業入門 土屋守章
28 労働経済学入門 大竹文雄
29 ベンチャー企業 松田修一
30 経営組織 金井壽宏

31 ゲーム理論入門　武藤滋夫
32 国際金融入門　小川英治
33 経営学入門(上)　榊原清則
34 経営学入門(下)　榊原清則
35 金融工学　木島正明
36 経営史　安部悦生
37 経済史入門　川勝平太
38 はじめての経済学(上)　伊藤元重
39 はじめての経済学(下)　伊藤元重
40 組織デザイン　沼上幹
51 マーケティング　恩蔵直人
52 リーダーシップ入門　金井壽宏
53 経済数学入門　佐々木宏夫
54 経済学用語辞典　佐和隆光
55 ポーターを読む　西谷洋介
56 コトラーを読む　酒井光雄
57 人口経済学　加藤久和
58 企業の経済学　淺羽茂
59 日本の経営者　日本経済新聞社

〈G〉 情報・コンピュータ

10 英文電子メールの書き方　ジェームス・ラロン
14 データベース入門　中村史朗

〈H〉 実用外国語

1 ビジネスマンの基礎英語　尾崎哲夫
5 ビジネス法律英語辞典　阿部・長谷川
17 はじめてのビジネス英会話　セイン・森田
18 プレゼンテーションの英語表現　セイン／スプーン
19 ミーティングの英語表現　セイン／スプーン
20 英文契約書の書き方　山本孝夫
21 英文契約書の読み方　山本孝夫
22 ネゴシエーションの英語表現　セイン／スプーン
23 チームリーダーの英語表現　デイビッド・セイン

〈I〉 ビジネス・ノウハウ

1 企画の立て方　星野匡
2 会議の進め方　高橋誠
3 報告書の書き方　安田賀計
5 ビジネス文書の書き方　安田賀計
8 ビジネスマナー入門　梅島・土舘
9 発想法入門　星野匡
10 交渉力入門　佐久間賢
14 意思決定入門　中島一
16 ビジネスパーソンのための書き方入門　野村正樹
18 ビジネスパーソンのための話し方入門　野村正樹
19 モチベーション入門　田尾雅夫
21 レポート・小論文の書き方　江川純
22 問題解決手法の知識　高橋誠
23 アンケート調査の進め方　酒井隆
24 ビジネス数学入門　芳沢光雄
25 ネーミング発想法　横井惠子
26 調査・リサーチ活動の進め方　酒井隆
28 ロジカル・シンキング入門　茂木秀昭
29 ファシリテーション入門　堀公俊
30 システム・シンキング入門　西村行功
31 メンタリング入門　渡辺・平田
32 コーチング入門　本間・松瀬
33 キャリアデザイン入門[I]　大久保幸夫
34 キャリアデザイン入門[II]　大久保幸夫
35 セルフ・コーチング入門　本間・松瀬
36 五感で磨くコミュニケーション　平本相武
37 EQ入門　高山直
38 時間管理術　佐藤知一
39 情報探索術　関口和一
40 ファイリング&整理術　矢次信一郎
41 ストレスマネジメント入門　島・佐藤
42 グループ・コーチング入門　本間正人
43 プレゼンに勝つ図解の技術　飯田英明
44 ワークショップ入門　堀公俊
45 考えをまとめる・伝える図解の技術　奥村隆一
46 買ってもらえる広告・販促物のつくり方　平城圭司

ベーシック版

マーケティング入門　相原　修
金融入門　日本経済新聞社
財務諸表入門　佐々木秀一
手形入門　秦　光昭
不動産入門　日本不動産研究所
日本経済入門　岡部直明
生産入門　谷津　進
貿易入門　久保広正
経営入門　高村寿一
会社法入門　宍戸善一
アメリカ経済　みずほ総合研究所
環境問題入門　小林・青木
医療問題　池上直己
IT経済入門　篠﨑彰彦
流通のしくみ　井本省吾
株式投資　日本経済新聞社

ビジュアル版

経営分析の基本　佐藤裕一
マーケティングの基本　野口智雄
経営の基本　武藤泰明
流通の基本　小林隆一
経理の基本　片平公男
貿易・為替の基本　山田晃久
日本経済の基本　小峰隆夫
金融の基本　高月昭年
マネジメントの基本　高梨智弘
品質管理の基本　内田　治
保険の基本　森宮　康
広告の基本　清水公一
IT活用の基本　内山　力
マネジャーが知っておきたい経営の常識　内山　力
株式会社の基本　柴田和史
ナレッジマネジメント入門　紺野　登
マーケティングの先端知識　野口智雄
キャッシュフロー経営の基本　前川・野寺
企業価値評価の基本　渡辺　茂
M&Aの基本　前川・野寺・松下
ニューテクノロジーの基本　野口・三菱総合研究所
IFRS［国際会計基準］の基本　飯塚・前川・有光

〈N〉業界研究シリーズ

1 自動車　中西孝樹
2 電機　片山栄一
3 通信　増野大作
4 ITサービス　佐藤博子
5 鉄鋼　山口　敦
6 化学　金井孝男
7 医薬品　漆原良一
8 食品・飲料　佐治　広
9 繊維　村松高明
10 小売り　朝永久見雄
11 商社　吉田憲一郎
12 銀行　野﨑浩成
13 生保・損保　岡本光正
14 建設　高木　敦
15 電力・ガス　圓尾雅則

西谷　洋介（にしたに・ようすけ）
A.T. カーニー　シニアパートナー
1965年生まれ、88年東京大学教養学部卒、ペンシルバニア大学ウォートン校卒業（MBA）。マイケル・ポーター創設のコンサルティング会社モニターグループの日本代表、ボストン・サイエンティフィック社でのマネジメントポジションを経て、2020年にA.T. カーニー社に入社。現在に至る。

日経文庫
ポーターを読む
2007年4月13日　　1版1刷
2024年11月25日　　　8刷（新装版1刷）

著　者　西谷洋介
発行者　中川ヒロミ
発　行　株式会社日経BP
日本経済新聞出版
発　売　株式会社日経BPマーケティング
〒105-8308　東京都港区虎ノ門4-3-12

印刷・製本　大日本印刷株式会社
© Yohsuke Nishitani, 2007
ISBN 978-4-296-12185-4
Printed in Japan

本書の無断複写・複製（コピー等）は著作権法上の例外を除き、禁じられています。

購入者以外の第三者による電子データ化および電子書籍化は、私的使用を含め一切認められておりません。

本書籍に関するお問い合わせ、ご連絡は下記にて承ります。

https://nkbp.jp/booksQA